EXERCICES GRADUÉS

DE

PLAIN-CHANT

Lyon. — Imprimerie de J. B. Pélagaud, rue Sala, 38.

EXERCICES GRADUÉS

DE

PLAIN-CHANT

SPÉCIALEMENT ÉCRITS

POUR LES ENFANTS

ET ACCOMPAGNÉS D'UN

ABRÉGÉ DES PRINCIPES

Par l'Abbé J.-B. CHAUSSE

Professeur au Petit-Séminaire de Verrières (Loire).

Laudate, pueri, Dominum. Ps. 112.
Enfants, louez le Seigneur.

Prix net : 1 fr. 25 c.
(Par la Poste, *franco*, 1 fr. 40).

A LYON

CHEZ BRIDAY, LIBRAIRE

Avenue de l'Archevêché, 3

OU

CHEZ L'AUTEUR

1875

PRÉFACE.

—

Chargé de la direction du Chœur dans un petit séminaire du diocèse de Lyon, nous avons rédigé pour nos élèves un petit solfége de Plain-Chant qu'on nous engage à livrer au public.

Principes absolument nécessaires pour l'intelligence et la bonne interprétation du Plain-Chant ; exercices simples et progressifs, où nous abordons une à une toutes les difficultés que peuvent offrir nos chants liturgiques ; notions générales sur l'accentuation latine, suivies d'un exposé clair et précis des règles de la Psalmodie : voilà ce qui compose cet opuscule.

Pour diminuer la monotonie inhérente à l'étude des intervalles, nous avons intercalé, dans ces sortes d'exercices, de petites pièces de chant, qui seront à la fois une distraction pour l'élève et une récapitulation des leçons précédentes.

Dans le chant métrique, comme dans le chant plane proprement dit, nous avons mis tous nos soins à procéder par gradation de difficultés. Ce n'est pas que nous nous soyons exagéré l'importance de cette partie au point de vue pratique. Notre but ici a été principalement de perfectionner l'élève dans la lecture et dans l'intonation en stimulant son application par des difficultés d'un genre nouveau.

Les exemples nombreux et variés dont nous avons accompagné les règles de la Psalmodie, nous permettent d'espérer que nous serons facilement compris de tout le monde. Nous devons dire ici que, dans cette partie, nous nous sommes attaché de préférence aux principes mis en lumière par M. l'abbé Petit, supérieur du Grand-Séminaire de Verdun, dans sa *Dissertation sur la Psalmodie*, travail considéré comme le meilleur et le plus complet sur cette matière.

Comme on nous le fait espérer, nous souhaitons que cet opuscule rende facile et agréable l'étude du Plain-Chant si négligé de nos jours, parce qu'il est peu connu et mal exécuté. Nous serions trop récompensé, si nous pouvions inspirer à notre jeunesse le goût de nos chants sacrés, et concourir en quelque chose à la solennité de nos cérémonies religieuses et à la plus grande gloire de Dieu. Heureux de ce succès, nous redirons au fond du cœur, avec une douce satisfaction : *Laudate, pueri, Dominum, laudate nomen Domini.*

PRINCIPES.

———

On appelle *Chant* ou *Mélodie* une succession de sons disposés de manière à produire un effet agréable à l'oreille, et *Plain-Chant* — chant *plane*, *uni*, — le chant simple et grave que l'Église emploie dans ses offices.

———

ECRITURE du PLAIN-CHANT.

NOTES.

Pour représenter les sons du Plain-Chant, on se sert de certains caractères appelés *Notes*, dont voici la figure et le nom :

La Carrée	■	ou note commune ;
La Losange	◆	ou note brève ;
La Caudée	▉	ou note longue ,
La Double carrée	■■	ou maxime.

Par ces formes variées, les notes expriment la durée diverse des sons. Cette durée constitue ce qu'on appelle la *Valeur* des notes. Nous en ferons connaître les rapports dans les exercices, au fur et à mesure que la nécessité l'exigera.

PORTÉE.

Les notes ne servent pas seulement à exprimer la durée des sons, elles représentent encore leur degré d'élévation par la place qu'elles occupent sur un ensemble de quatre lignes, qu'on nomme *Portée*. Au bas, se trouvent les sons graves; dans le milieu, les sons d'une élévation moyenne; au haut, les sons aigus. Ex. :

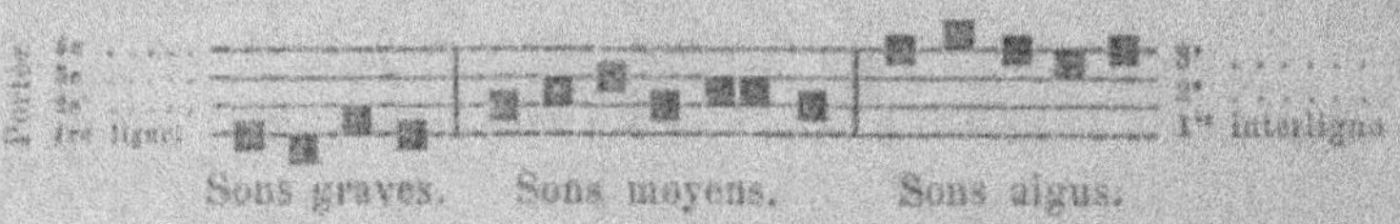

Pour représenter les sons plus élevés ou plus bas que ceux de la portée, on emploie de petits traits qu'on appelle *Lignes supplémentaires* ou *filets*. Ordinairement on les répète pour chaque note. Ex. :

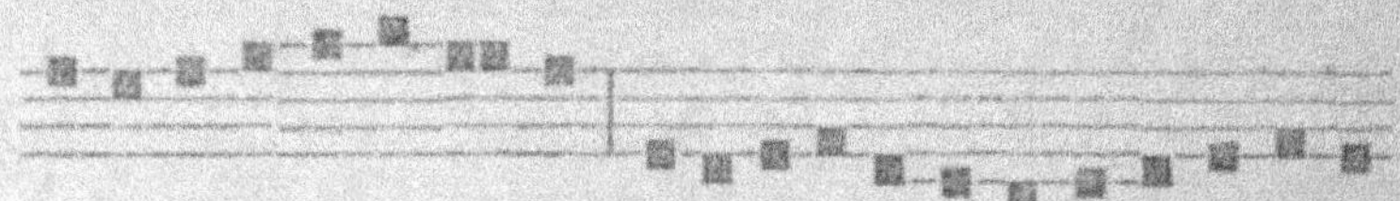

On donne encore à la portée, à cause de sa forme, le nom d'*Echelle du Chant*, et celui de *Degrés*, aux lignes et interlignes.

NOMS DES SONS.

Pour dénommer les sons représentés par les notes écrites sur la portée, on emploie les sept monosyllabes *Ut, Ré, Mi, Fa, Sol, La, Si*, que l'on répète autant que l'exige l'étendue de la mélodie, dans l'ordre suivant :

Noms et ordre de succession des sons ascendants :	Ut, ré, mi, fa, sol, la, si, ut, ré, mi, etc...
Noms et ordre de succession des sons descendants :	Ut, si, la, sol, fa, mi, ré, ut, si, la, etc...

Notons ici que la différence qui existe entre ces divers sons n'est pas constamment la même. La distance de *Mi* à *Fa* et de *Si* à *Ut*, distance appelée *demi-ton*, n'est que la moitié environ de celle qui sépare les autres sons, et qu'on appelle *ton*. Ex. :

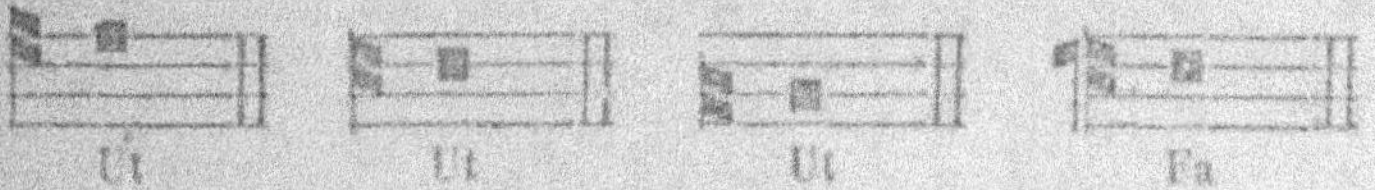

CLEFS.

Les sons n'ont pas sur la portée de position fixe. Pour la déterminer, on emploie certains caractères appelés *Clefs*, qui se placent au commencement de la portée.

On distingue deux sortes de Clefs, la clef d'*Ut* et la clef de *Fa*. Elles sont ainsi appelées, parce que la note qui se trouve sur la ligne embrassée par le crochet de la clef, porte le même nom. Ex. :

Cette note déterminée, l'ordre de la succession des sons donne aux autres degrés de la portée les noms suivants :

Avec la clef d'*Ut* 4me ligne,

Avec la clef d'*Ut* 3me ligne,

Avec la clef de *Fa*,

GUIDON.

On appelle *Guidon* une petite note caudée, ainsi figurée : ou , qui se place à la fin de chaque portée, sur le degré occupé par la première note de la portée suivante. Cette petite note est donc nulle dans l'exécution : elle sert seulement, comme l'indique son nom, à *guider* l'œil d'une portée à l'autre.

REPOS.

Le chant, comme le discours, a ses phrases et ses périodes ; comme lui aussi, il doit avoir ses repos.

Les repos du Plain-Chant sont indiqués par de petits traits qui traversent verticalement la portée, et qu'on appelle *Barres*.

On distingue trois sortes de barres : la petite, la grande et la double. Ex. :

Petite barre. Grande barre. Double barre.

La petite barre sépare les divers membres de phrase d'une période mélodique. Elle indique un léger repos.

La grande barre marque un repos plus plein, mieux senti. Elle se place à la fin des phrases et des périodes. Dans les hymnes et les proses, elle indique la fin du vers.

La double barre sert à marquer le repos final et à séparer ce qui doit être exécuté par des chantres ou des chœurs différents.

INTERVALLES.

On appelle *Intervalle* la distance d'un son à un autre son plus grave ou plus aigu.

Deux notes placées sur le même degré ne peuvent donc former d'intervalle, mais seulement l'*Unisson*, (*sons identiques*). Si au contraire ces notes embrassent 2, 3, 4, 5, 6, 7, 8, etc., degrés, y compris ceux qu'elles occupent elles-mêmes, elles forment respectivement les intervalles de Seconde, de Tierce, de Quarte, de Quinte, de Sixte, de Septième, d'Octave, etc.

Deux intervalles de même nom peuvent ne pas renfermer le même nombre de tons ou de demi-tons. Ex. :

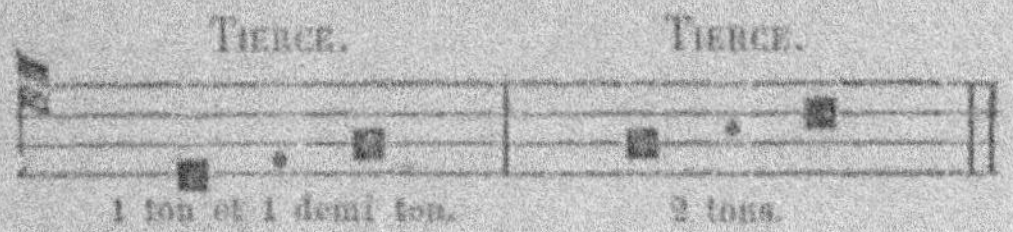

De là, deux espèces d'intervalles : les intervalles *majeurs* et les intervalles *mineurs*. L'examen du tableau suivant démontrera qu'ils ont un demi-ton de différence.

TABLEAU DES INTERVALLES.

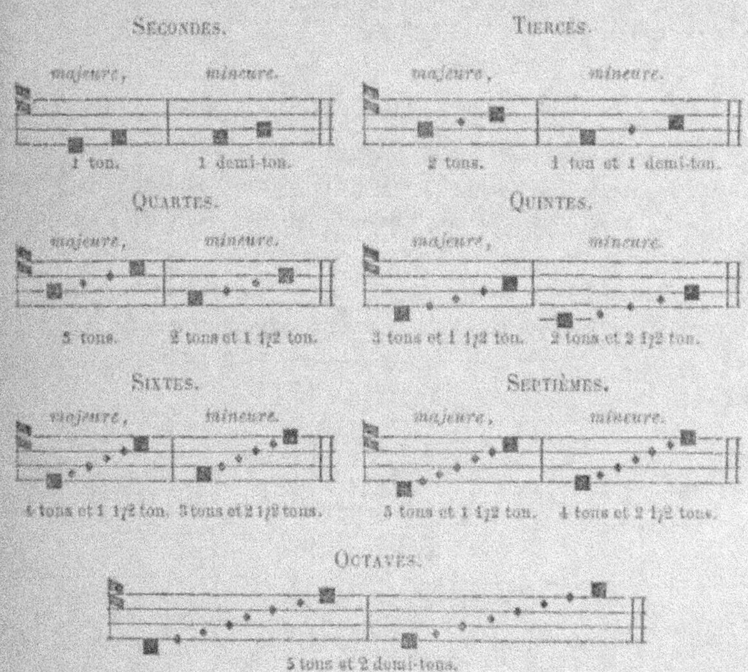

SIGNES MODIFICATIFS.

BÉMOL.

Parmi les intervalles du tableau précédent, quelques-uns, comme ceux de Sixte, de Septième et d'Octave, sont rarement usités; bien plus, celui de Quarte majeure, appelé aussi *Triton*, (*trois tons*), est absolument prohibé. Lors donc que cet intervalle est amené par la forme de la mélodie, on le modifie au moyen du signe ♭, appelé *Bémol*, que l'on place devant le *Si*, et dont l'effet est de baisser cette note d'un demi-ton. Ex. :

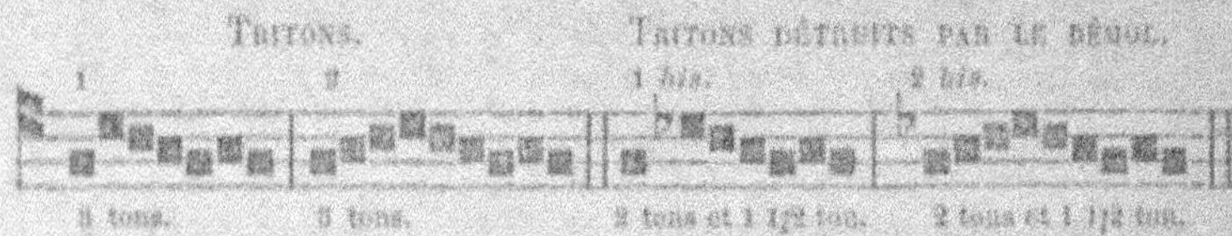

Le bémol peut être *accidentel* ou *permanent*. Dans le premier cas, il se place immédiatement avant la note qu'il affecte, ou au commencement du groupe mélodique dont cette note fait partie, et son effet, ordinairement, ne s'étend pas au delà. (Ex. 1 *bis* et 2 *bis*, ci-dessus.)

Lorsque le bémol doit être permanent, on l'écrit au commencement de la portée, après la clef, et son effet s'étend sur toutes les notes placées sur le degré qu'il occupe, dans tout le cours de la pièce de chant. Ex. :

BÉCARRE.

Quand on veut ramener à son état naturel une note placée sous l'influence du bémol, on la fait précéder du signe ♮,

appelé *Bécarre*, dont l'effet est de détruire celui du bémol.
Ex. :

DIÈSE.

Dans certains passages de quelques pièces de chant, on modifie le Triton au moyen du signe ♯, appelé *Dièse*. Ce signe, qui ne s'écrit point ordinairement, mais que l'on suppose placé devant le *Fa*, élève cette note d'un demi-ton. La distance du *Fa* au *Sol* n'étant plus alors que d'un demi-ton, le Triton disparaît. Ex. :

GAMMES.

On appelle *Gamme* une série de huit sons consécutifs. Puisque les sons ont sept noms différents, on peut donc former sept gammes, toutes différentes, soit par leur point de départ, soit par leur constitution, grâce aux positions diverses des demi-tons, relativement au son fondamental. Ex. :

Ut Ré Mi Fa Sol La Si Ut

Ré Mi Fa Sol La Si Ut Ré

Mi Fa Sol La Si Ut Ré Mi

Fa Sol La Si Ut Ré Mi Fa

Sol La Si Ut Ré Mi Fa Sol

La Si Ut Ré Mi Fa Sol La

Si Ut Ré Mi Fa Sol La Si

Les gammes servent à la composition des pièces de chant. Elles en sont et la source et l'abrégé. Chaque mélodie, en effet, est basée sur une gamme déterminée. C'est dans l'octave de cette gamme, à une note près ordinairement, qu'elle se meut par des intervalles diversement combinés, et c'est aux *Modes* de cette gamme qu'elle emprunte son expression particulière, son caractère distinctif.

MODES ou TONS.

Le *Mode*, appelé aussi improprement *Ton*, est la *manière d'être* d'une gamme.

FORMATION DES MODES.

Les gammes du Plain-Chant ont deux modes, le mode *Authentique* et le mode *Plagal*. On les a obtenus en partageant leur octave par les intervalles de *Quinte* et de *Quarte* que l'on superpose de deux manières.

Dans le mode authentique, on place la quinte en bas et la quarte en haut ; dans le mode plagal, au contraire, la quinte est en haut et la quarte en bas. Ex. :

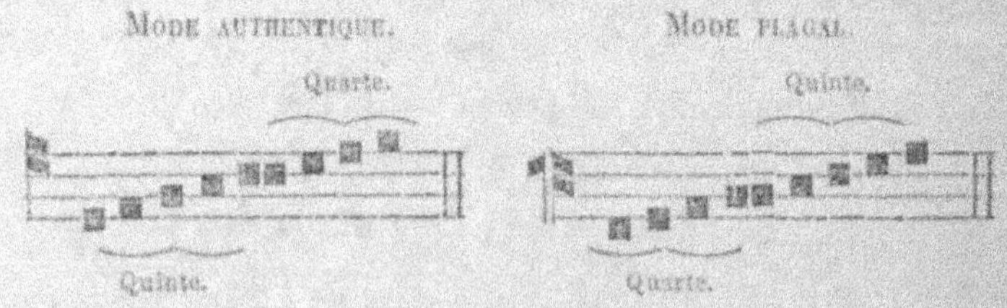

Chaque mode authentique a un mode plagal correspondant, placé une quarte au-dessous. Ex. :

                        Quinte.   *Quarte.*

MODE AUTHENTIQUE :   RÉ mi fa sol LA si ut RÉ.

                      Quarte.   *Quinte.*

MODE PLAGAL :   LA si ut RÉ mi fa sol LA.

Ceci posé, notons que la série des sons du Plain-Chant ne descend *régulièrement* que jusqu'au *La* grave, et l'on aura la raison du rang occupé par chaque mode dans le tableau suivant :

1er Auth. . . . . RÉ mi fa sol LA si ut RÉ.
2e Plag. . . . . . LA si ut RÉ mi fa sol LA.
3e Auth. . . . . MI fa sol la SI ut ré MI.
4e Plag. . . . . . SI ut ré MI fa sol la SI.
5e Auth. . . . . FA sol la si UT ré mi FA.
6e Plag. . . . . . UT ré mi FA sol la si Ut.
7e Auth. . . . . SOL la si ut RÉ mi fa SOL
8e Plag. . . . . . RÉ mi fa SOL la si ut RÉ.
9e Auth. . . . . LA si ut ré MI fa sol LA.
10e Plag. . . . . . MI fa sol LA si ut ré MI.
11e Auth. . . . . SI ut ré mi FA sol la SI.
12e Plag. . . . . . FA sol la SI ut ré mi FA.
13e Auth. . . . . UT ré mi fa SOL la si UT.
14e Plag. . . . . . SOL la si UT ré mi fa SOL.

Il est bon de remarquer que, dans la nomenclature des modes, ceux de rang impair sont authentiques, et ceux de rang pair, plagaux. Pour cette raison, on désigne aussi les modes authentiques sous le nom de modes *impairs*, et les modes plagaux sous le nom de modes *pairs*.

RÉDUCTION DES MODES.

De ces quatorze modes, les huit premiers sont seuls usités aujourd'hui. Les autres ont été ou entièrement rejetés, comme le 11° et le 12°, dont les divisions tombaient sur des intervalles prohibés (*Si-Fa-Si* et *Fa-Si-Fa*), ou bien, à l'aide du bémol, ils ont été transportés dans l'un des modes reçus. Ainsi, le 9° a été réuni avec le 1er, le 10° avec le 2°, le 13° avec le 5°, le 14° avec le 6°. Ex. :

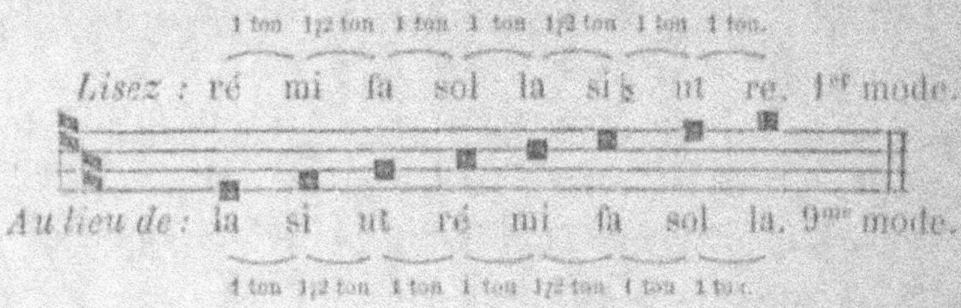

De même pour les autres modes :

Au lieu de dire : { Mi fa sol la si ut ré mi (10° mode),
en a dit : { La si♭ ut ré mi fa sol la (2° mode).

Au lieu de dire : { Ut ré mi fa sol la si ut (13° mode),
en a dit : { Fa sol la si♭ ut ré mi fa (5° mode).

Au lieu de dire : { Sol la si ut ré mi fa sol (14° mode),
en a dit : { Ut ré mi fa sol la si♭ ut (6° mode).

Remarque. — La transposition des modes montre l'origine du *Si* ♭ permanent et de la *Double Clef* quelquefois employée. Elle explique en outre l'emploi du bémol *accidentel* devant le *mi*, dans quelques pièces de chant. On voit en effet, par le tableau ci-dessus, que le *si* du mode transposé correspond toujours au *mi* du mode qui le reçoit. Donc, si cette note s'est trouvée bémolisée dans le mode primitif, on a dû aussi, dans la transposition, bémoliser le *mi* pour ne point changer les intervalles.

NOTES PRINCIPALES.

On donne le nom de *Principales* à certaines notes autour desquelles, dans chaque mode, la mélodie aime à exécuter ses mouvements, et sur lesquelles, de préférence, elle fait ses repos. Les deux plus importantes sont la *Finale*, ou note qui termine la pièce de chant, et la *Dominante*, ainsi nommée parce qu'elle *domine* en quelque sorte dans le chant par les fréquents retours que la mélodie opère sur elle.

Ces notes sont indiquées, pour chaque mode, dans le tableau ci-dessous, où l'on pourra remarquer : 1° que les modes correspondants ont la même *Finale*; 2° que la *Dominante* des modes authentiques se trouve, à l'exception du 3°, une quinte au-dessus de la finale, et celle des modes plagaux, à l'exception du 8°, une tierce au-dessous de la dominante du mode authentique.

TABLEAU DES MODES ADOPTÉS.

avec désignation des notes principales.

Modes authentiques ou impairs. *Modes plagaux ou pairs.*

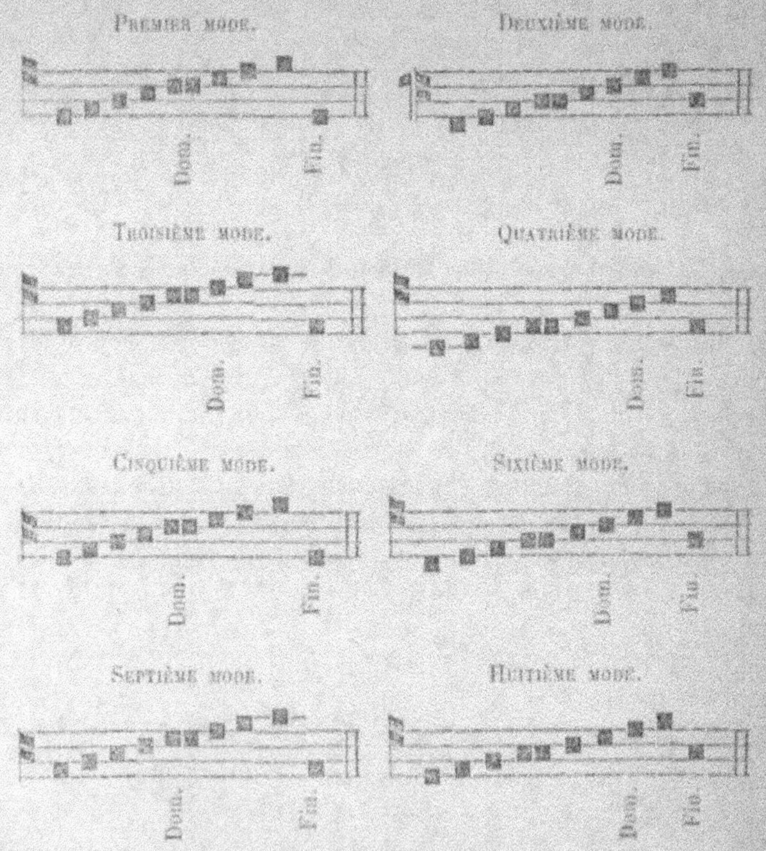

CHIFFRES ET LETTRES.

Le mode auquel appartient une mélodie est indiqué dans les livres de chœur, en tête de chaque morceau, par un chiffre marquant le rang que ce mode occupe dans la nomenclature donnée ci-dessus. Ainsi : *Communion du 4*, signifie que la pièce de chant qui suit, est du quatrième mode.

A ce chiffre on joint une lettre devant les antiennes qui accompagnent les psaumes, pour indiquer la note finale de ces mêmes psaumes. C'est là un reste de l'usage où l'on était autrefois, de représenter les sons par les sept premières lettres de l'alphabet. Ainsi :

On disait :	A	B	C	D	E	F	G,
au lieu de :	La	Si	Ut	Ré	Mi	Fa	Sol.

Lorsque la Finale du psaume est la même que celle de l'antienne, (l'antienne a toujours la finale du mode), la lettre est majuscule; sinon, elle est minuscule et indique seulement la finale du psaume.

Dans quelques éditions, les lettres se placent encore devant les pièces de chant transposées. La lettre, dans ce cas, indique la finale de la mélodie dans le mode primitif.

Ex. : Introït du 1 en A.

PRATIQUE DU PLAIN-CHANT.

La pratique du Plain-Chant, objet principal de cet opuscule, présente plusieurs difficultés qu'il importe d'attaquer une à une pour en triompher plus sûrement. Dans ce but, nous grouperons nos exercices sous trois chefs principaux : *Solmisation*, *Vocalisation* et *Union des paroles à la mélodie*.

La Solmisation est le préliminaire obligé de l'art du chant. Elle consiste à chanter les notes d'une mélodie sur les syllabes qui servent à les désigner. Chanter ainsi s'appelle *solfier*.

La Vocalisation est l'intermédiaire par lequel on passe de la solmisation à l'union des paroles à la mélodie. Elle consiste à chanter les notes d'une mélodie sur une voyelle (la voyelle A, ordinairement) sans prononcer leurs noms particuliers. La voix s'habitue ainsi à produire le son des notes sans les nommer, et de là au chant simultané du texte et de la mélodie, il n'y a qu'un pas.

Tel est l'ordre des exercices qui vont suivre et qu'on pourra mettre à l'étude, en se conformant aux observations suivantes, dès qu'on aura acquis une connaissance suffisante des notes.

Position du corps. — Autant que possible, chantez debout et tenez le corps d'aplomb, afin que la poitrine soit parfaitement dégagée. La tête doit être droite, légèrement renversée en arrière quand on veut produire des sons aigus, et inclinée en avant pour les sons graves.

Voix. — N'usez pas de timbres empruntés (nasillards,

gutturaux, etc...), mais donnez tout simplement votre voix naturelle, en laissant au maître le soin d'en corriger les défauts. Les enfants ne doivent jamais chanter qu'en fausset, et toujours en fausset. L'observation est d'une telle importance qu'elle devrait être inutile.

PRONONCIATION. — Les voyelles, simples et composées, ont dans le chant le même son que dans le langage ordinaire. Pourquoi donc tant de chantres semblent-ils ignorer ce principe si simple? En général, les défauts de prononciation proviennent de ce qu'on ne donne pas à la bouche l'ouverture convenable. Presque nul pour la voyelle *u*, l'écartement des dents doit avoir pour la voyelle *a* environ deux travers de doigt. Pour les autres voyelles, cet écartement se trouve entre ces deux extrêmes, à peu près dans l'ordre suivant : *a, è, o, é, i, u.*

Nous passons sous silence certains défauts extérieurs, tels que : balancements d'épaules transformant le corps en véritable métronome vivant, mouvements de tête plus ou moins brusques, main soutenant le menton ou faisant l'office de porte-voix, contorsion de la bouche, lèvres formant l'entonnoir, et autres singularités de ce genre, qu'il importe de corriger *sans pitié* dès le principe.

EXERCICES.

SOLMISATION.

Attaquez franchement la note et soutenez les sons sans traîner la voix en passant de l'un à l'autre.

Donnez à la maxime une valeur double de celle de la carrée.

La valeur de la carrée, unité temporaire du Plain-Chant, n'est subordonnée qu'au mouvement, c'est-à-dire, au degré de lenteur ou de vitesse avec lequel un morceau est exécuté.

Dans les exercices où le mode est indiqué, appuyez un peu sur l'avant-dernière note des principaux repos.

Clef d'UT, 4ᵐᵉ ligne.

Etude des Intervalles les plus usités.

GAMME D'UT.

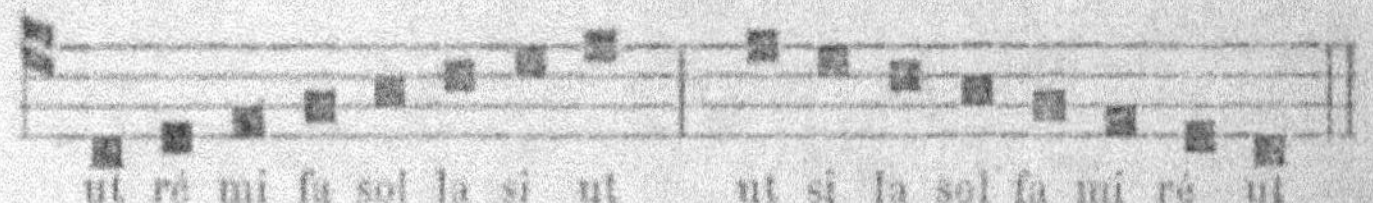

EXERCICES SUR L'INTERVALLE DE *SECONDE*.

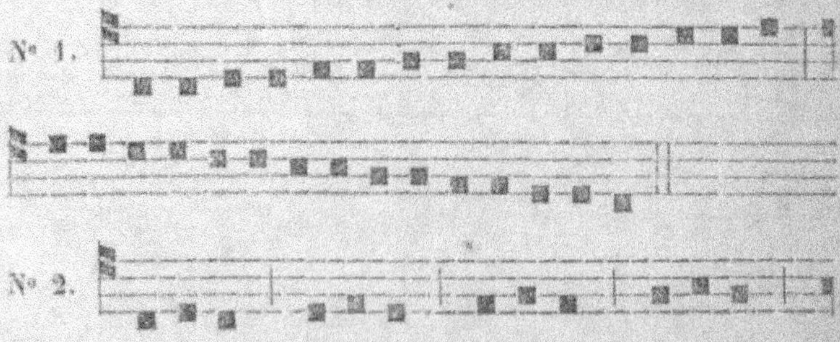

N° 3.
N° 4.

N° 5.
DU 5. Transposé.
N° 6.
DU 4.

EXERCICES SUR L'INTERVALLE DE *TIERCE*.

N° 9.
N° 10
N° 11.
DU 5. Transposé.

N° 12.
en 3.
N° 13.

N° 14.
N° 45.
DU 5. Transposé.

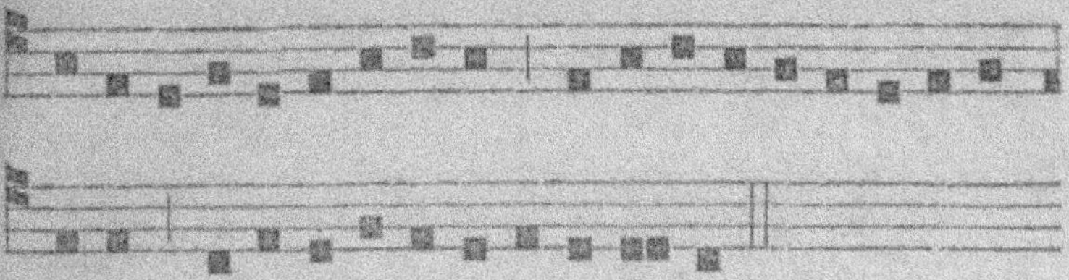

N° 16.
DU 1.

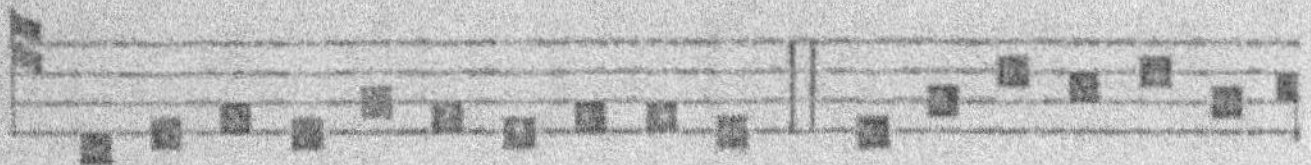

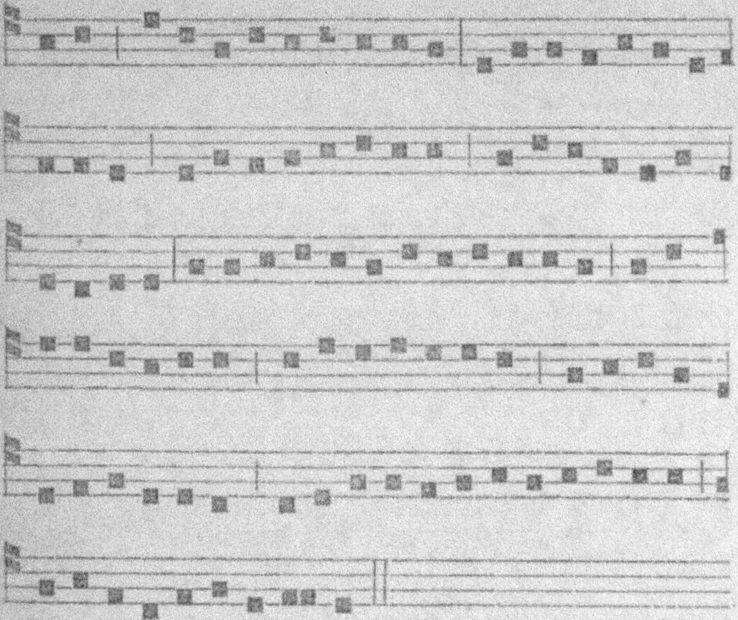

EXERCICES SUR L'INTERVALLE DE *QUARTE*.

N° 17.
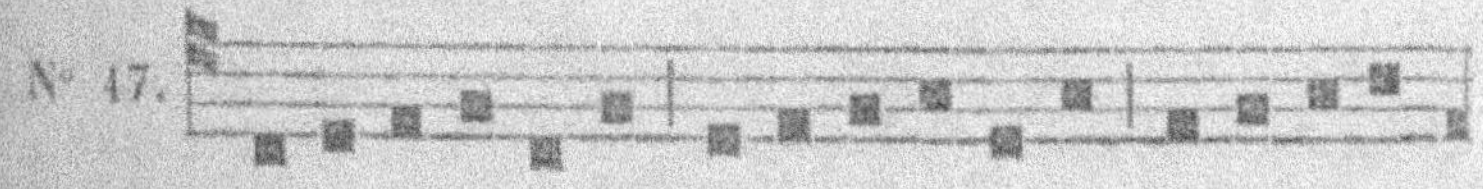

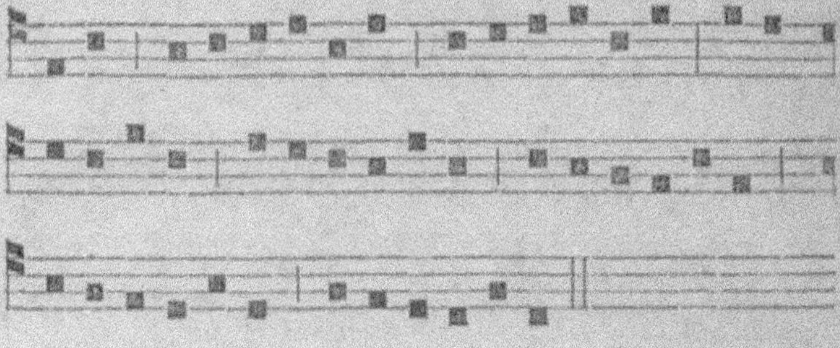

N° 18.

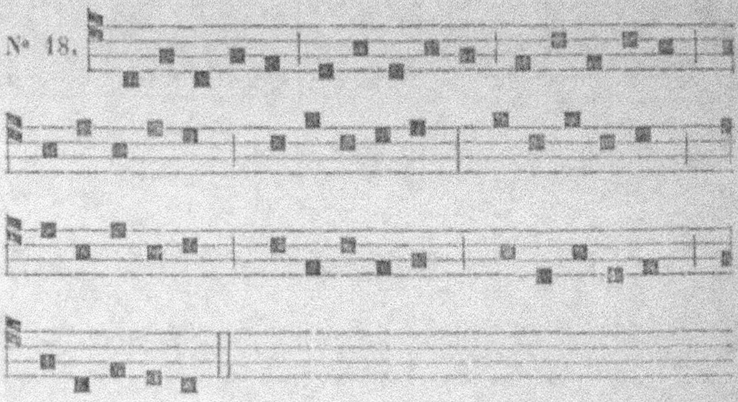

N° 19.

N° 20.
DU 5. Transposé.

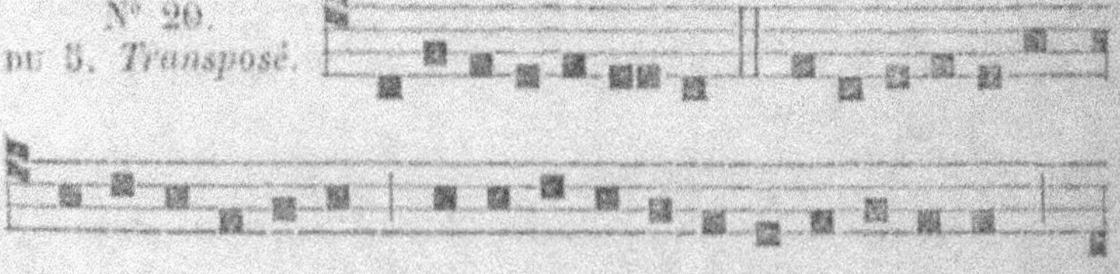

N° 21.
DU 4.
N° 22.
DU 3.

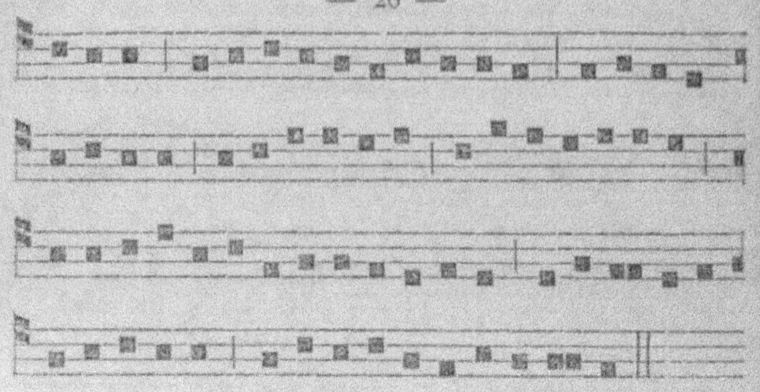

EXERCICES SUR L'INTERVALLE DE *QUINTE*.

2.

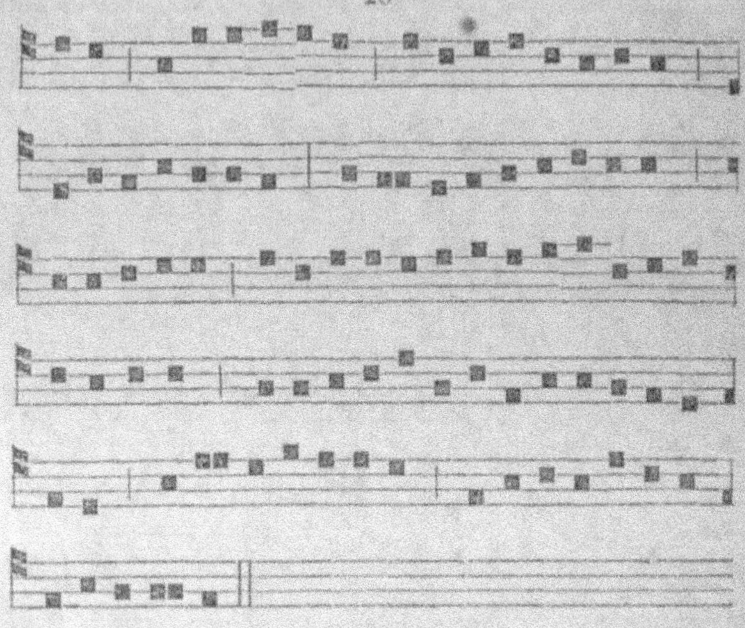

Etude du *Si* Bémol.

(Voir aux Principes, p. 6.)

EXERCICES SUR LE *Si* ♭ , DANS LES MODES QUI L'EXIGENT
A LA CLEF.

N° 27.

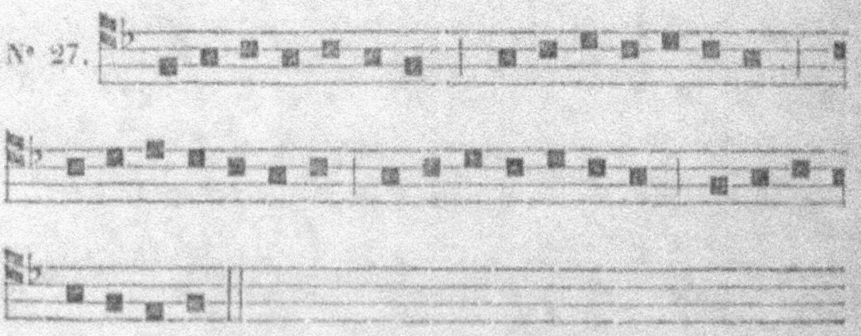

N° 28.
DU 6.
N° 29.
N° 30.
DU 1.

N° 31.
N° 32.
ou 6.

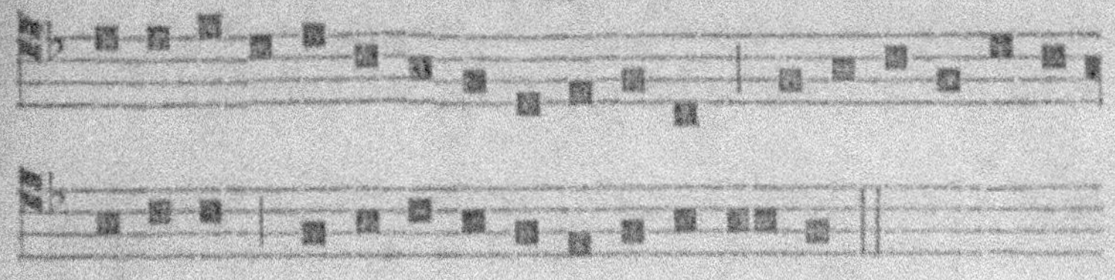

EXERCICES SUR LE *SI* ♭ ACCIDENTEL.

Nota. Dans les Nᵒˢ 33 et 35, on pourra étudier séparément chaque
motif placé entre les Doubles barres.

N° 35.
A
B
C
D
N° 36.
DU 1.

Exercices sur les Brèves.

Donnez à la brève et à la caudée qui la précède, un peu plus de la valeur d'une carrée, en attribuant les trois quarts environ de cette valeur à la caudée et le reste à la brève.

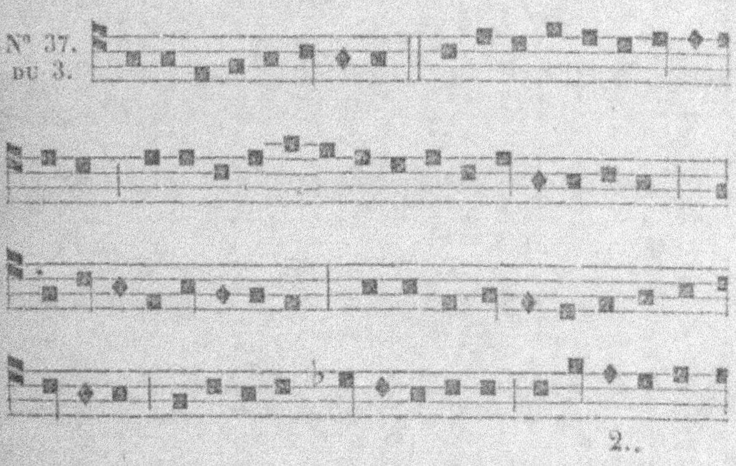

2..

Nº 38.
ou 8.
Nº 39.
ou 4.

Clef d'UT, 3me ligne.

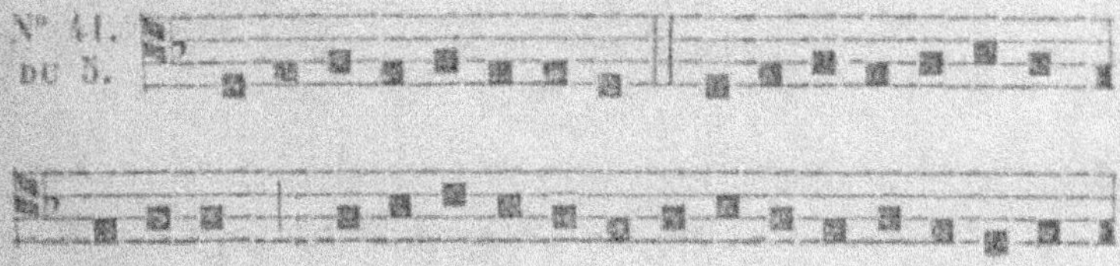

Nº 42.
DU 7.
Nº 43.
DU 5.

N° 44,
du 7.

Clef de FA.

N° 45.
DU 2.

N° 46.
DU 2.

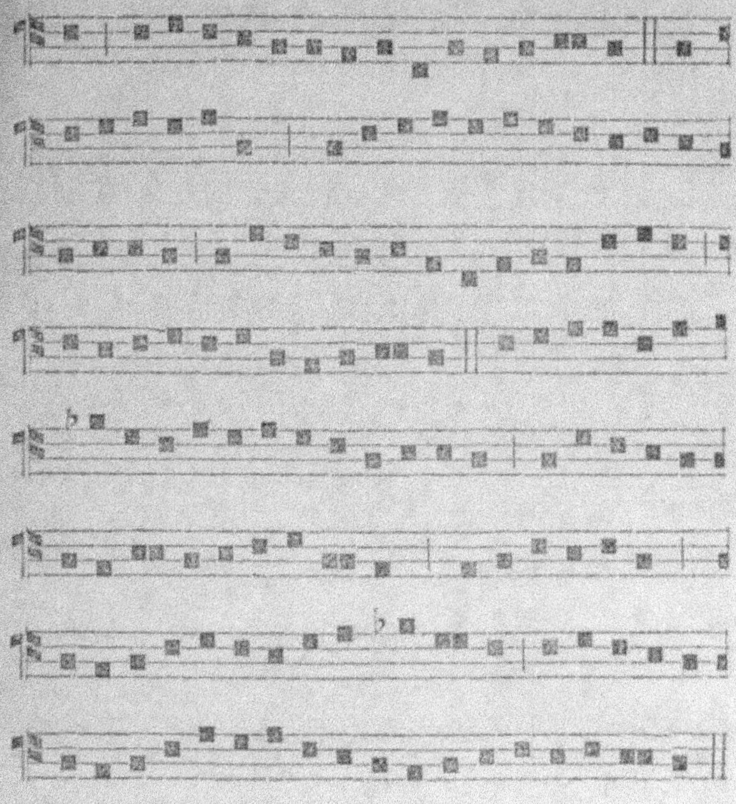

VOCALISATION.

Vocaliser, ainsi que nous l'avons déjà dit (p. 14), c'est chanter les notes d'une mélodie sur la voyelle A ou sur toute autre.

Comme étude préparatoire aux exercices suivants, on fera bien de vocaliser quelques-uns des n°s qui précèdent, en choisissant de préférence ceux dont le mode n'est point indiqué. Ces sortes de leçons n'ayant jamais deux notes de suite sur le même degré, se prêtent mieux à la vocalisation.

Évitez avec le plus grand soin, en vocalisant, de donner à chaque nouvelle note un nouveau coup de gosier. Il faut au contraire lier les sons
en coulant sur les notes, mais sans traîner la voix. Les lèvres, ainsi que le
menton, doivent rester complètement immobiles.

EXERCICES.

N° 49.
DU 6.
N° 50.
DU 8.

Nº 51.
DU 1.
Nº 52.
DU 4.

N° 53.
DU 1.
N° 54.
DU 3.

N° 55.
DU 7.
N° 56.
DU 2.

UNION DES PAROLES A LA MÉLODIE.

Le chant simultané du texte et de la mélodie est soumis aux règles suivantes :

1° Attaquez chaque syllabe sur la note qui la surmonte, et chantez ensuite, sur la voyelle de cette même syllabe, toutes les notes qui peuvent se trouver sur la portée jusqu'à la syllabe suivante, en coulant les sons, comme dans les vocalises. Ex. :

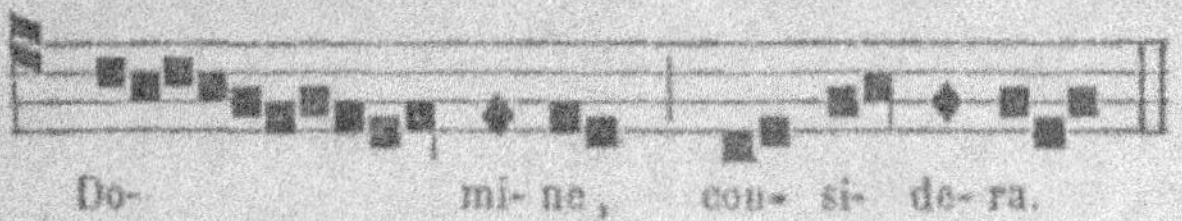

2° Lorsqu'une syllabe est terminée par une consonne, on ne prononce cette consonne qu'à la dernière note. Ex. :

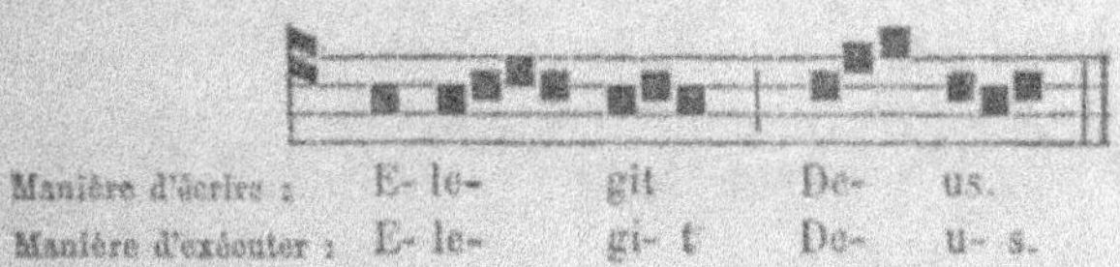

3° La caudée, isolée sur une syllabe seule, indique un accent sur cette syllabe. Elle s'exécute alors à peu près avec la valeur de la carrée, mais d'une manière plus énergique, avec une légère insistance de la voix. Ex. :

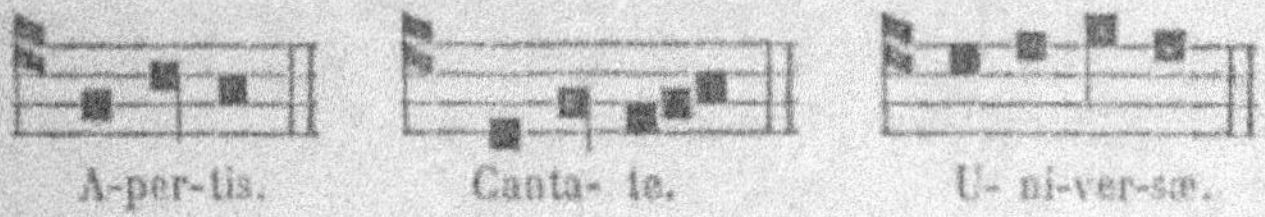

On appuie aussi un peu sur la caudée surmontant une syllabe, bien qu'elle ne soit pas employée isolément, pourvu que la carré qui la suit, ne forme avec elle qu'un intervalle de seconde.

Hormis ces cas, la caudée, non suivie d'une brève, n'est qu'une simple ligature, servant à réunir plusieurs notes sur la même syllabe. Elle s'exécute alors comme une carrée ordinaire.

Dans les exemples que nous allons donner, nous surmonterons du signe A les notes caudées sur lesquelles la voix doit peser un peu plus fortement.

4° Quelquefois une ligature nécessaire ne permet pas que la note qui précède la brève, soit caudée; mais dans le chant, on doit la regarder comme telle et l'exécuter de même. Ex. :

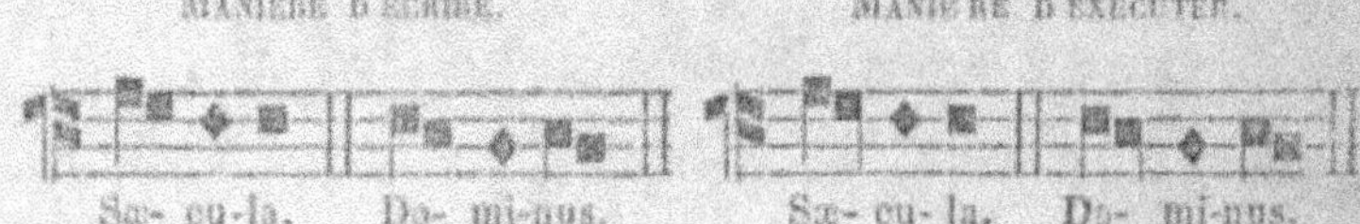

5° Lorsque deux notes communes se trouvent placées sur le même degré et sur la même syllabe, la seconde de ces deux notes commence une reprise de chant, et doit être séparée de la première par un court repos, une demi-respiration. Dans l'exemple que nous allons donner, la lettre r, placée au-dessus de la portée, indiquera ces sortes de repos.

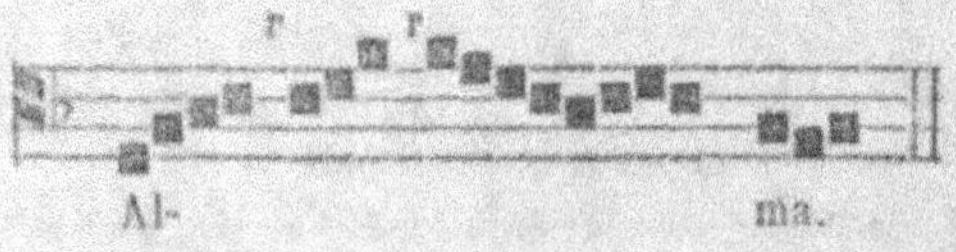

6° Lorsqu'on a besoin de respirer hors des repos indiqués, il faut éviter soigneusement de le faire entre le dernier groupe mélodique d'une syllabe et le chant de la syllabe suivante. Ex. :

7° On doit en général tenir un peu au delà de sa valeur l'avant-dernière note qui précède les repos principaux. Lorsque cette note est brève, la tenue se fait sur l'antépénultième.

A ces règles qu'un peu d'usage rendra bientôt familières, on nous permettra d'ajouter une petite observation sur la manie — c'est le mot — qu'ont certains chantres de suivre le chœur à l'octave. On peut dire qu'il n'est rien de disgracieux, rien d'énervant comme cette espèce de bourdonnement plus ou moins continu et souvent faux. Dans tout chœur bien ordonné, de pareils oublis ne sont jamais tolérés.

On n'y supporte pas davantage les prétendus accords de quelques harmonistes improvisés, ni ces ritournelles qui, avant chaque repos, s'échappent comme un hoquet de la poitrine de certains chantres. Ces sortes de broderies n'ont rien de commun avec le plain-chant; tout au plus servent-elles à diminuer l'effet religieux que nos mélodies sacrées, exécutées modestement dans un parfait ensemble des voix, ne manquent jamais de produire sur l'âme des fidèles.

EXERCICES.

SECONDES.

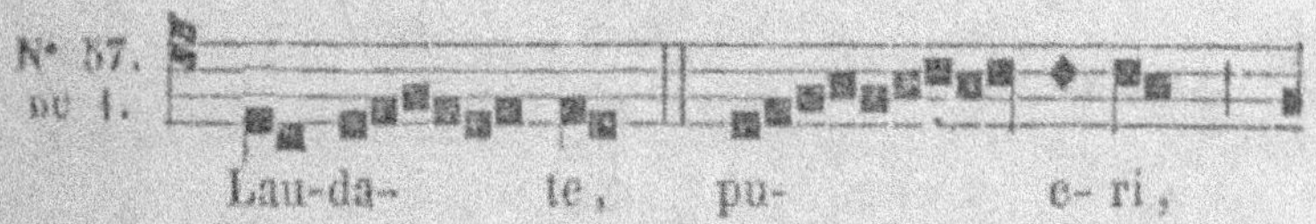

Do-   minum, lau- da-   te

no-   men Do-   mi-ni.

Al- le- lu-   ia.

TIERCES

jus- ti- ti- am su- am, al- le- lu- ia, al- le-
lu- ia, al- le-lu- ia.
Nº 60.
DU 8.
Invo-ca- bit me, et e- go
ex- au- di- am e- um: e- ri- pi- am
e- um, et glo-ri- fi-ca- bo e- um:
lon-gi-tu-di-ne di-e- rum a-dim-ple-
bo e- um.

QUARTES.

Nº 61.
DU 3.
Co-gno- vi, Do- mi-ne, qui-a æ-qui-
tas ju-di- ci- a tu- a, et in ve-
ri-ta- te tu- â hu-mi- li-a- sti

me : con- fi- ge ti-more tu- o car-
nes me- as, a manda- tis tu- is
ti- mu- i.
N° 62.
DU 1.
Glo- ri- â et ho-no-
re co- ro- na- sti e- um :
et consti- tu- i- sti e- um super
o- pe- ra ma- nu-um tu-
a- rum, Do- mi-ne.
N° 63.
DU 3.
Be-nedic- tus es, Do- mi-ne, do- ce me
ju-sti- fi-ca- ti- o- nes tu- as : in
la- bi- is me- is pronun-ti-a-

vi o- mni-a ju- di- ci- a o- ris
tu- i.

QUINTES

N° 64. DU 1.
Ho- di-e e-gres-sa est virga de ra- di-
ce Jes- se : ho- di- e si-ne ul- lâ pec-
ca- ti la- be con- ce- pta est Ma- ri- a :
ho- di- e con-tri- tum est ab e- â ca-put
ser- pen- tis an- ti- qui, al-le- lu- ia.
N° 65. DU 5.
Lau-date Do- minum omnes Gen- tes :
lau-da-te e- um o- mnes po- pu- li;
quo- ni-am confir-ma- ta est su- per nos
mi-se- ricor- di- a e- jus, et ve-ri-

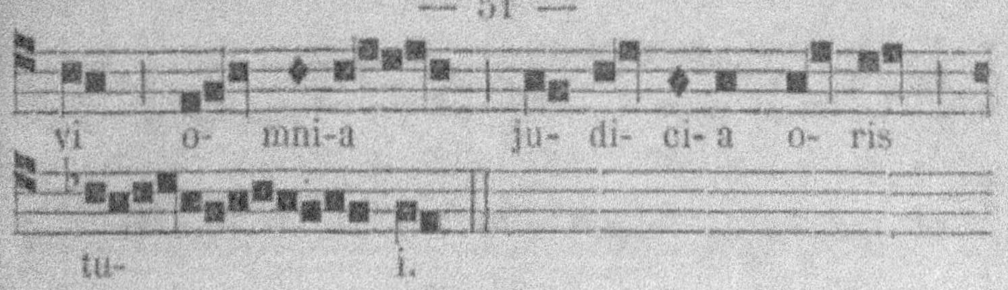

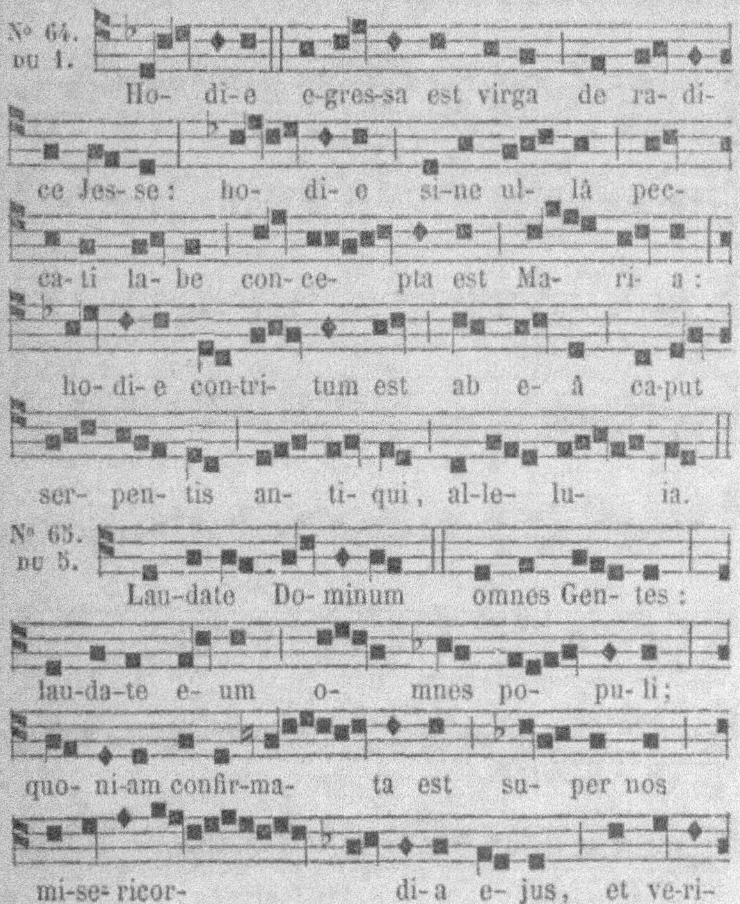

tas Do- mi-ni ma- net in æ-ter- num.
N° 66. DU 7.
Gaudens gau- de- bo in Do- mi-no,
et e- xulta- bit a- ni-ma me- a in De-o
me- o: qui-a in- du- it me ve- stimen-
tis sa- lu- tis; et in- dumento ju- sti- ti-
æ circum- de- dit me, quasi spon- sam
or- na- tam mo- ni-li-bus su- is.
N° 67. DU 2.
Mi- hi au- tem ab- sit glo- ri- a- ri,
ni- si in cru- ce Do- mi-ni nos- tri Je-
su Chris- ti: per quem mi- hi mundus cru-
ci- fi- xus est, et e- go mun- do.

NOTES LOSANGÉES.

On trouve dans les anciens livres de chant une forme de note appelée *Rhomboïde*, dont la valeur était comprise entre la brève et la carrée.

La plupart des éditions récentes ont voulu reproduire l'effet de ces sortes de notes ; mais, pour simplifier la composition typographique, on les a converties en losanges.

Malgré leur similitude de forme, on ne saurait confondre la losange brève avec les notes losangées. Il suffit pour cela de se rappeler la règle suivante :

Toute losange qui surmonte une syllabe, est brève ;

Conséquemment : Toute losange qui ne surmonte pas une syllabe, doit être considérée comme rhomboïde. Ex. :

Deux excès sont à éviter dans l'exécution des notes losangées : trop de rapidité et trop de lenteur. Trop de rapidité convertirait ces notes en brèves, et trop de lenteur les assimilerait aux notes communes. Ayez bien soin de les lier ou couler avec la même émission de voix.

Quant à la caudée qui précède les groupes de notes losangées, elle doit être exécutée comme une simple carrée, bien que la voix s'y porte naturellement avec plus de force que sur la carrée ordinaire.

EXERCICES.

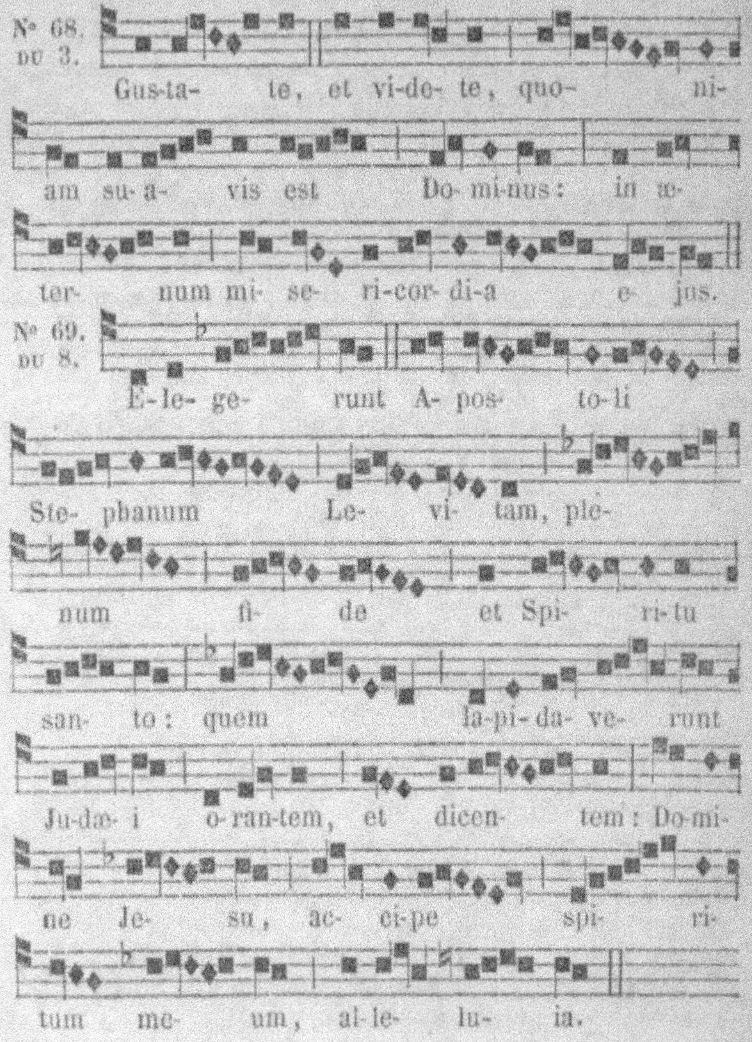

Nᵒ 68.
DU 3.
Gus-ta- te, et vi-de- te, quo- ni-
am su-a- vis est Do-mi-nus: in æ-
ter- num mi-se- ri-cor-di-a e- jus.
Nᵒ 69.
DU 8.
E-le-ge- runt A-pos- to-li
Ste- phanum Le- vi-tam, plé-
num fi- de et Spi- ri-tu
san- to: quem la-pi-da-ve- runt
Ju-dæ-i o-ran-tem, et dicen- tem: Do-mi-
ne Je- su, ac-ci-pe spi- ri-
tum me- um, al-le- lu- ia.

N° 70.
DU 2 Transposé.
Hæc di- es, quam
fe- cit Do- mi-nus : e-xul-
te- mus, et læ-
te- mur in e- â.
℣. Confi-te- mi-ni Do- mi-
no, quo- ni-am bo-
nus; quo-ni-am in sæ- cu-lum
mi-se- ri-cor- di-a e-
jus.
N° 71.
DU 2.
Post par-tum vir- go in-vi-o-
la- ta perman-si- sti : De-

Etude des intervalles peu usités de Sixte et d'Octave.

EXERCICES SUR L'INTERVALLE DE SIXTE.

EXERCICES SUR L'INTERVALLE D'OCTAVE.

ven- ta est in u- te- ro
ha- bens de Spi- ri- tu san-
cto.
N° 77.
du 5.
Al- ma Redempto-ris
Ma- ter, quæ per- vi- a cœ- li por-
ta ma- nes, Et stel- la ma-
ris, succur- re ca-den- ti, sur-ge- re qui cu-
rat po- pu-lo: Tu quæ ge- nu-is- ti,
na- tu- rà mi-ran- te, tu- um sanctum Ge- ni-
torem, Vir- go pri- ùs ac pos-
te- ri- ùs, Gabri- e- lis ab o-

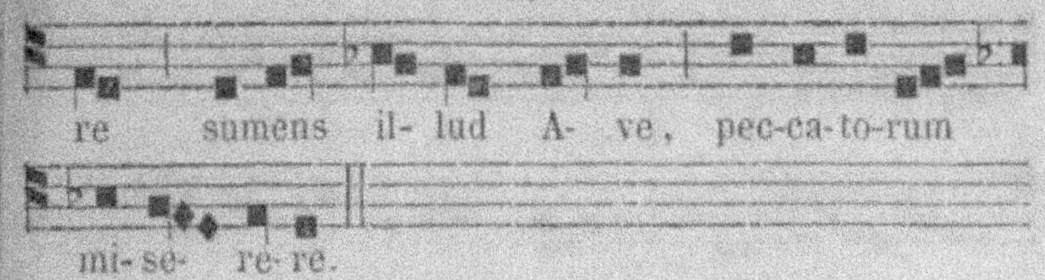

re sumens il- lud A- ve, pec-ca-to-rum
mi-se- re-re.

Etude du *MI* ♭.

AU MOYEN D'EXEMPLES SERVANT D'EXERCICES.

N° 78.
DU G EN C.
Sa- ti-a- vit a- nimam i-na- nem,
et a- nimam e-su- ri- en-tem sa- ti- a- vit
bo- nis; se-den-tes in te- nebris et umbrà
mor- tis, vinc- tos in men-di- ci- ta- te et
fer- ro.
N° 79.
DU G EN C.
Chris- tus se- mel obla- tus est
ad mul-to- rum ex-hau- ri- en- da pec-
ca- ta; secun- dò si- ne pec-

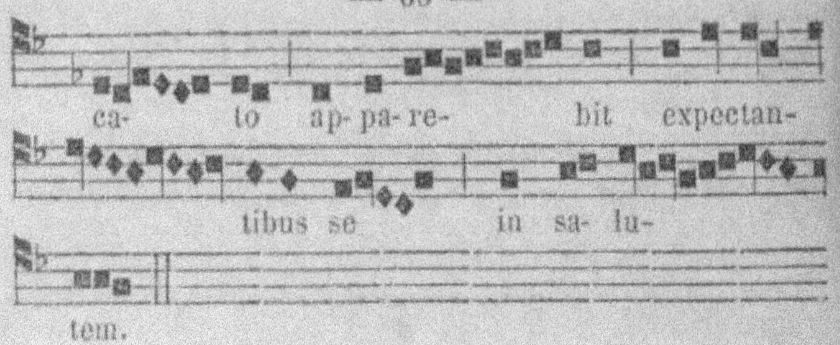

ca- to ap- pa- re- bit expectan-
tibus se in sa- lu-
tem.

Etude du *FA* ♯.

AU MOYEN D'EXEMPLES SERVANT D'EXERCICES.

N° 80.
DU 8.
O Sa- lu- ta- ris Hos- ti- a, Quæ
cœ-li pandis os-ti- um: Bella premunt hos- ti-
li-a, Da ro- bur fer au- xi- li- um!
N° 81.
DU 7.
Lauda, Si- on, Salva-to-rem, Lauda ducem
et pas-to- rem. In hymnis et canti- cis. Ecce
panis An-ge- lo-rum, Factus cibus vi- a- to-rum:
Verè Pa-nis fi- li- o-rum Non mit-ten-dus ca ni-bus.

DOUBLE CLEF (1).

On rencontre, dans certaines éditions, quelques morceaux apparte-
nant à des modes transposés, écrits sur une double clef. La première
ordinairement est celle du mode adopté pour la transposition ; la seconde,
celle du mode primitif. Comme la mélodie reste la même dans l'une et
l'autre clef, on peut, dans l'exécution, choisir celle qui convient le
mieux.

(1) Voir aux Principes : Réduction des Modes, p. 10.

CHANT MÉTRIQUE.

Sous le titre de *Chant métrique*, on comprend les morceaux qui, à cause de leur forme symétrique, sont susceptibles de recevoir la *Mesure*. Tels sont la plupart des Proses et un certain nombre d'Hymnes.

MESURE.

La *Mesure* est la division de la durée des sons en parties égales qu'on nomme *Temps*.

Les *Temps* se marquent ordinairement par certains mouvements du pied ou de la main, ce qui s'appelle *Battre la Mesure*.

Pour plus de facilité dans l'exécution, on partage les notes de chaque pièce de chant en petits groupes composés de valeurs semblables ou équivalentes, et séparés sur la portée par des traits verticaux. Chacun de ces groupes prend le nom de *Mesure*, et les traits qui les séparent s'appellent *Barres de Mesure*. Ex. :

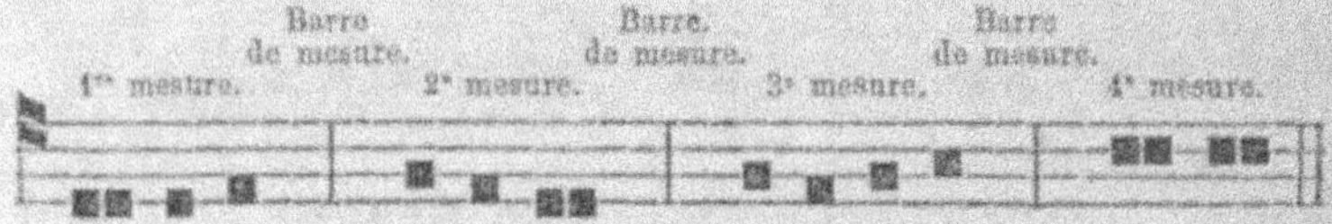

VALEUR DES NOTES.

Les auteurs qui traitent cette partie du Chant liturgique s'accordent universellement à donner à la maxime la valeur de deux carrées, et à la carrée la valeur de deux losanges.

Quant à la caudée, lorsqu'elle est employée, elle sert d'ordinaire à représenter la valeur de trois losanges ; mais on préfère généralement exprimer cette valeur par la carrée suivie d'un point (■·), nommée pour cela *carrée pointée*.

Le point peut aussi se placer après toute autre note : son effet est d'en augmenter la valeur de moitié. Nous n'en ferons usage qu'après la carrée et après la maxime qui, dans ce cas, vaudra trois carrées.

Pour plus de précision, nous croyons utile de faire suivre ces notions sur la valeur des notes dans le chant métrique, d'un tableau comparatif qui indiquera à la fois et les figures des notes dont nous nous servirons dans nos exercices, et les rapports dans lesquels nous les emploierons.

Tableau comparatif des valeurs

Dans le Chant métrique.

La maxime vaut 2 carrées, ou 4 losanges, ou 1 carrée pointée et 1 losange.

La carrée vaut 2 losanges. La carrée point. vaut 1 carrée et 1 losange, ou 3 losanges.

La max. point. vaut 1 max. et 1 carrée, ou 3 carrées.

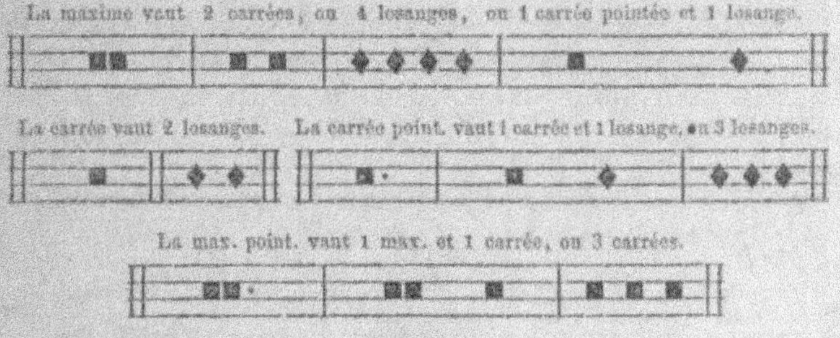

DIFFÉRENTES SORTES DE MESURE.

Les pièces de chant métrique admettent deux sortes de mesures : la mesure dite *Binaire* et la mesure dite *Ternaire*.

Mesure Binaire. La mesure est *Binaire*, lorsque les valeurs comprises entre les barres de mesure sont régulièrement divisibles en deux parties égales.

Cette mesure se bat à deux temps : le premier est un *frappé* et le second un *levé* : ↓↑. Elle a pour unité de *Temps* une carrée ou, plus ordinairement, une maxime. On la désigne par le chiffre 2, qui se place en tête du morceau, immédiatement après la clef. Exemples : n°s 88 et 93.

MESURE TERNAIRE. La mesure est *Ternaire*, lorsque les valeurs comprises entre les barres de mesure sont régulièrement divisibles en trois parties égales.

On bat cette mesure à trois Temps : le 1er se frappe, le 2e se fait par un mouvement à droite et le 3e en levant : ↓↗. Le chiffre 3 sert à la marquer et elle a pour unité de Temps une losange ou, plus rarement, une carrée. Exemples n°s 100 et 109.

Remarques. — I. La première mesure d'un morceau n'est pas toujours complète. Dans ce cas, on bat en silence les temps qui manquent, et l'attaque se fait seulement sur le temps indiqué par les valeurs. Exemple : n° 99.

II. La double barre est employée exclusivement pour marquer la fin des strophes et indiquer la reprise du chant par un chœur différent. Elle peut donc quelquefois partager une mesure en deux. Exemple : n° 107.

ÉLISION.

On rencontre assez souvent dans les Hymnes certains vers qui ont plus de syllabes que le mètre n'en supporte. Cette particularité se présente toutes les fois qu'un mot finit par une voyelle ou par une *m*, et que le mot suivant commence par une voyelle ou par une *h* : il y a alors ce qu'on appelle

Élision, et la dernière syllabe du premier mot ne compte pas en poésie. Ainsi, au lieu de :

Christum datura aut sanguinem.

Averni ab igne libera.

on lit, en mesurant le vers, comme s'il y avait :

Christum datur aut sanguinem.

Avern ab igne libera.

Mais, dans le chant, l'élision ne doit jamais se pratiquer (1). Il faut donc, en pareil cas, pour ne point rompre la mesure, ajouter à la mélodie une note dont la valeur est prise sur les notes voisines, ou bien, s'il est possible, emprunter une note à une autre syllabe. Exemples :

MAUVAIS.   BONS.

NOTA. *Quoique, dans l'exécution, la mesure des pièces de chant métrique doive être moins rigoureuse que pour la musique, il sera bon néanmoins de s'y conformer exactement dans les exercices que nous allons donner.*

EXERCICES.

MESURE A DEUX TEMPS.

Donnez un Temps à la carrée et deux à la maxime.

N° 83.
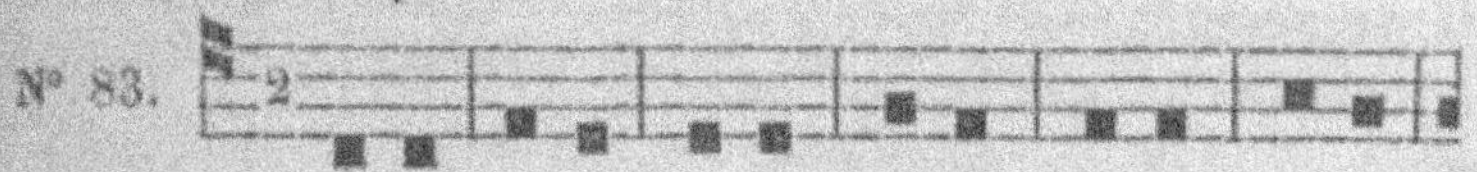

---

(1) Voir : *Dissertation sur la Psalmodie*, par M. l'abbé Petit, p. 86.

Exécutez deux brèves en un seul Temps.

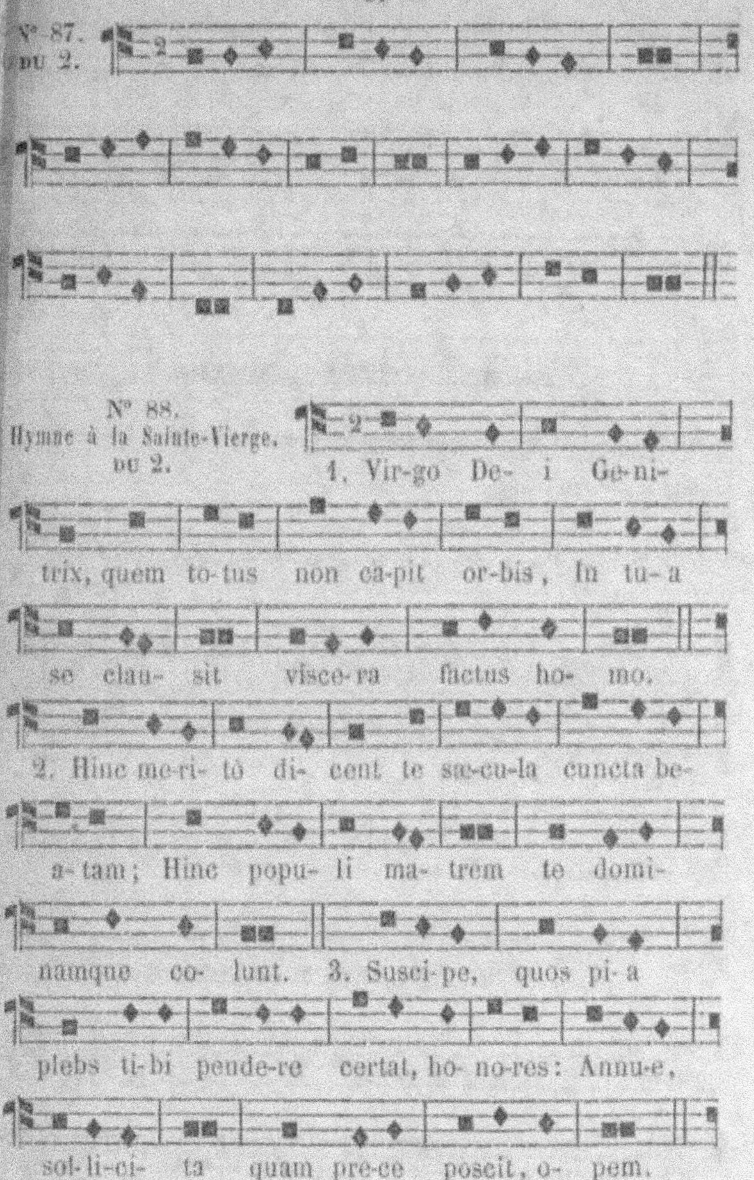

N° 87.
DU 2.

N° 88.
Hymne à la Sainte-Vierge.
DU 2.

1. Vir-go De- i Ge-ni-
trix, quem to-tus non ca-pit or-bis, In tu- a
se clau- sit visce-ra factus ho- mo.
2. Hinc me-ri- tò di- cent te sæ-cu-la cuncta be-
a-tam; Hinc popu- li ma- trem te domi-
namque co- lunt. 3. Susci-pe, quos pi- a
plebs ti-bi pende-re certat, ho- no-res: Annu-e,
sol-li-ci- ta quam pre-ce poscit, o- pem.

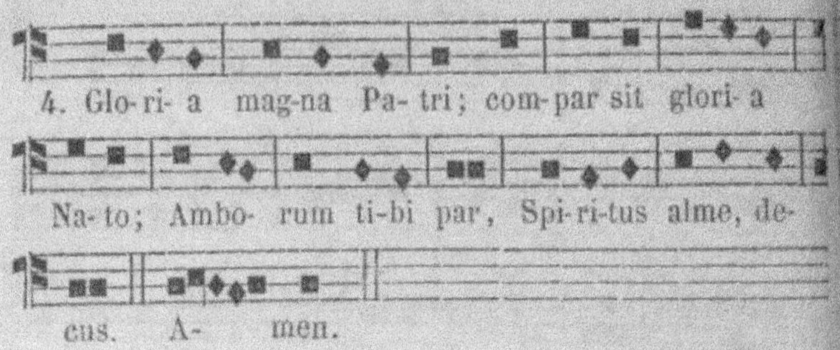

MESURE A DEUX TEMPS.

Notation avec des valeurs doubles de celles des Exercices précédents.

Donnez un Temps seulement à la maxime et un demi-temps à la carrée. La carrée pointée vaut trois quarts de temps et la losange un quart.

(1) Les n°ˢ 91 et 92 servent de chant, dans quelques diocèses, à l'hymne des Confesseurs Pontifes : *Iste Confessor...*

No 93.
Hymne de St. Gabriel.
DU 8.
Chris- te, sanc- to- rum
de- cus An- ge- lo- rum, Gen- tis hu- ma- næ
sa- tor et Re- demp-tor, Cœ- li-tum no- bis
tri- bu- as be- a- tas Scan-de-re se- des.

No 94.
Hymne de St. Irénée.
DU 1.
De- bi- tis Pa- trem
ca- nat I- re- næ- um Ci- vi- tas hym- nis,
so- ci-os- que pu- gnæ, Qui sa-cras u- na
me- ru- ĕ- re fu- so Sangui-ne pal-mas.

N° 96.
Hymne de St. Jean-Baptiste.
DU 2.

Même mélodie avec quelques variantes.

N° 96.
Hymne des Confesseurs Pontifes.
DU 1.

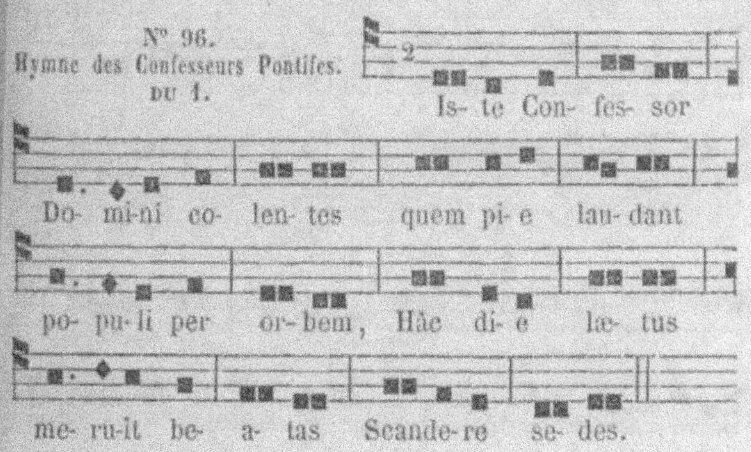

MESURE A TROIS TEMPS.

Donnez un temps à la losange, deux à la carrée simple et trois à la carrée pointée.

N° 97. 

(1) Chant de l'hymne des Complies, dans quelques diocèses.

Vi- ta, vir-tus cordi- um, In conspec-tu An-ge-

torum, Vo-tis, voce psal-li- mus; Alter- nantes

concre- pando Melos damus voci- bus.

N° 101.
Hymne de Ste Marie-Magdeleine.
DU 6.

Pa- ter su- per ni

lu-mi- nis, Cum Mag-da- lenam res- pi-

cis, Flam-mas a- moris ex- ci- tas, Ge- lu- que

sol- vis pecto- ris.

N° 102.
Hymne de Ste Térèse.
DU 2.

Re- gis su- perni nun- ti-

a, Do- mum pa- ternam de-se- ris, Ter-

ris, The- re- sa, bar-ba- ris Chris- tum da-

tu-ra aut sangui- nem.

(1) Sur la même mélodie, hymne du Dimanche : *Lucis creator.*

N° 103.
Hymne de Ste Julienne.
DU 6.

N° 104.
Hymne de la Fête des saintes Reliques.
DU 1.

N° 105.
PROSE DU 2.

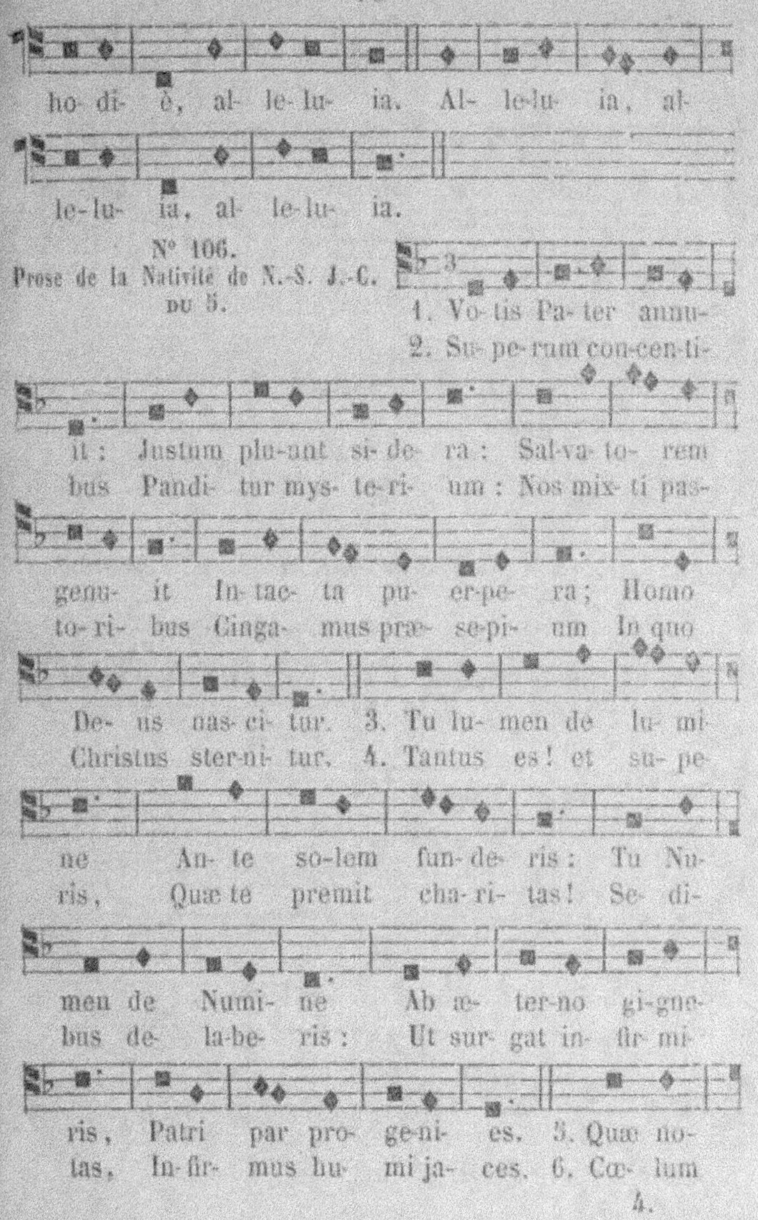
ho- di- è, al- le- lu- ia. Al- le-lu- ia, al-
le-lu- ia, al- le-lu- ia.
N° 106.
Prose de la Nativité de N.-S. J.-C.
DU 5.
1. Vo- tis Pa- ter annu-
2. Su- pe- rum con-cen-ti-
it : Justum plu-ant si- de- ra : Sal-va- to- rem
bus Pandi- tur mys- te-ri- um : Nos mix- ti pas-
genu- it In-tac- ta pu- er-pe- ra; Homo
to- ri- bus Cinga- mus præ- se-pi- um In quo
De- us nas-ci- tur. 3. Tu lu- men de lu- mi-
Christus ster-ni- tur, 4. Tantus es! et su- pe-
ne An- te so-lem fun-de- ris : Tu Nu-
ris, Quæ te premit cha- ri- tas! Se- di-
men de Numi- ne Ab æ- ter-no gi-gne-
bus de la-be- ris : Ut sur- gat in- fir-mi-
ris, Patri par pro- ge-ni- es. 5. Quæ no-
tas, In-fir- mus hu- mi ja- ces. 6. Cœ- lum
4.

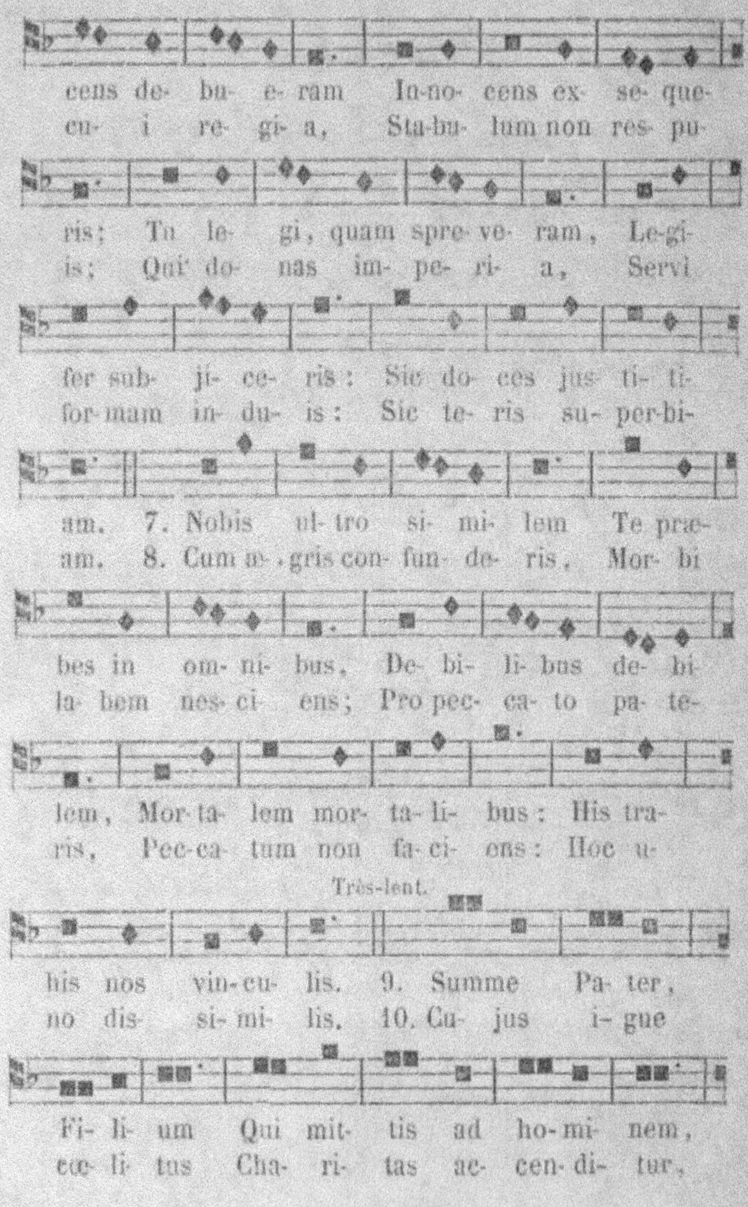
cens de- bu- e- ram   Iu-no- cens ex- se- que-
cu- i   re- gi- a,   Sta-bu- lum non res- pu-

ris; Tu le- gi, quam spre- ve- ram, Le- gi-
is; Qui do- nas im- pe- ri- a,   Servi

fer sub- ji- ce- ris: Sic do- ces jus- ti- ti-
for- mam in- du- is: Sic te- ris su- per- bi-

am. 7. Nobis ul- tro si- mi- lem   Te præ-
am. 8. Cum æ- gris con- fun- de- ris,   Mor- bi

bes in om- ni- bus, De- bi- li- bus de- bi-
la- bem nes- ci- ens; Pro pec- ca- to pa- te-

lem, Mor- ta- lem mor- ta- li- bus: His tra-
ris, Pec- ca- tum non fa- ci- ens: Hoc u-

Très-lent.

his nos vin- cu- lis. 9. Summe   Pa- ter,
no dis- si- mi- lis. 10. Cu- jus i- gne

Fi- li- um   Qui mit- tis ad ho- mi- nem,
cœ- li- tus Cha- ri- tas ac- cen- di- tur,

Prose de la Fête de tous les Saints,
du 3.

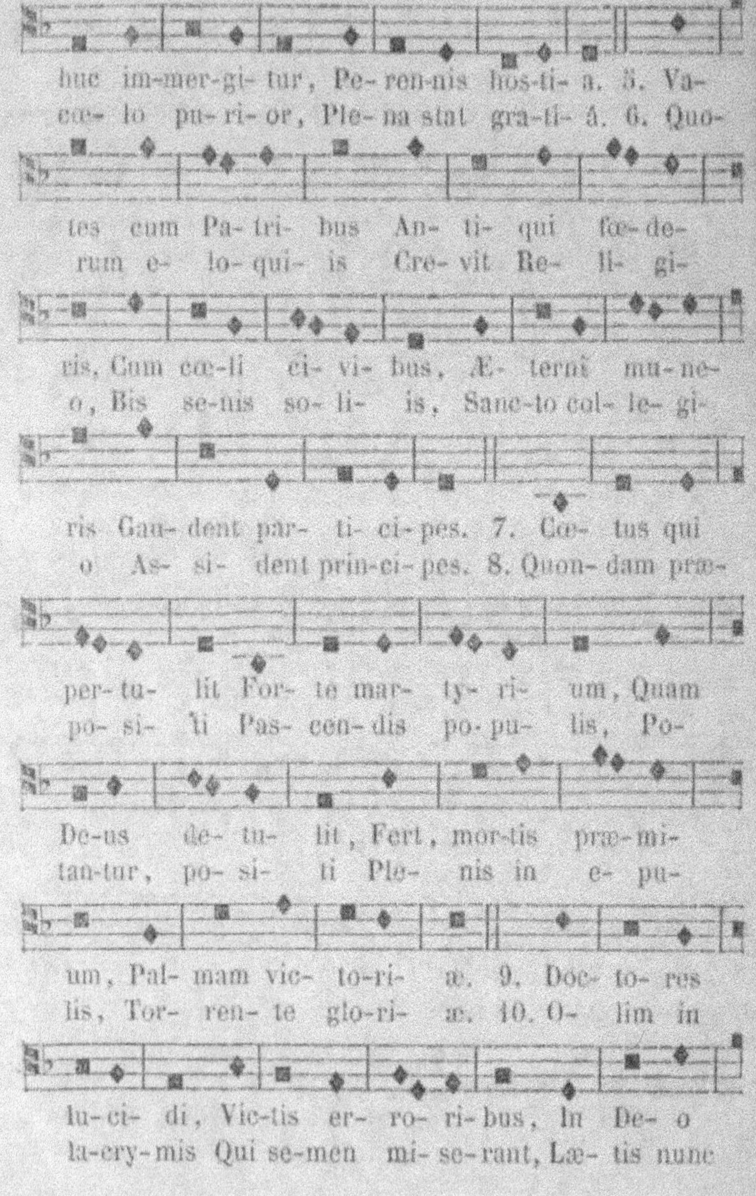

huc im-mer-gi- tur, Pe- ren-nis hos-ti- a. 5. Va-
coe- lo pu- ri- or, Ple- na stat gra-ti- â. 6. Quo-

tes cum Pa- tri- bus An- ti- qui foe-de-
rum e- lo- qui- is Cre- vit Re- li- gi-

ris, Cum coe-li ci- vi- bus, Æ- ternî mu- ne-
o, Bis se-nis so- li- is, Sanc-to col- le- gi-

ris Gau-dent par- ti- ci- pes. 7. Coe- tus qui
o As- si- dent prin-ci- pes. 8. Quon- dam præ-

per-tu- lit For- te mar- ty- ri- um, Quam
po- si- li Pas- cen-dis po-pu- lis, Po-

De-us de- tu- lit, Fert, mor-tis præ-mi-
tan-tur, po- si- ti Ple- nis in e- pu-

um, Pal- mam vic- to-ri- æ. 9. Doc- to- res
lis, Tor- ren- te glo-ri- æ. 10. O- lim in

lu-ci- di, Vic-tis er- ro- ri- bus, In De- o
la-cry-mis Qui se-men mi- se-rant, Læ- tis nunc

pla-ci- di, Pu- ris de fon-ti- bus Ve-
a-ni- mis, Quos con-se- ru- e- rant, Fruc-

rum ex- hauri- unt. 11. Junc-tæ vir- gi- ni-
tus ex- ci-pi- unt. 12. Om- nes in lu- mi-

bus, Pu-di-cæ fe- mi- næ, Al- bis cum vesti-
nis Im-mer-si flu- mi- ne, Ter sanc-ti Numi-

bus, Cur-runt in ag-mi- ne Ad A- gni nupti-
nis, Pe- ren-ni car-mi- ne, Can-tant de- li-ci-

Très-lent (sans mesure).

as. 13. Ves-tris suc-cu- ri- te, O Sancti! Fi-li-
as. 14. Per vos ex-pos-cimus Ut qui vos mune-

is ; Ad por-tum du-ci-te, Quos nos-tis
rat De- us al- tis-si-mus, In nos-tris

En mesure.

me- di- is Luc- ta-ri fluc-ti- bus. A- men.
in- se-rat A- mo-rem cordi- bus.

N° 108.
Prose de l'Im. Conception.
DU 5.

1. E-va parens, quid fe-
2. Vitam nobis abs-tu-

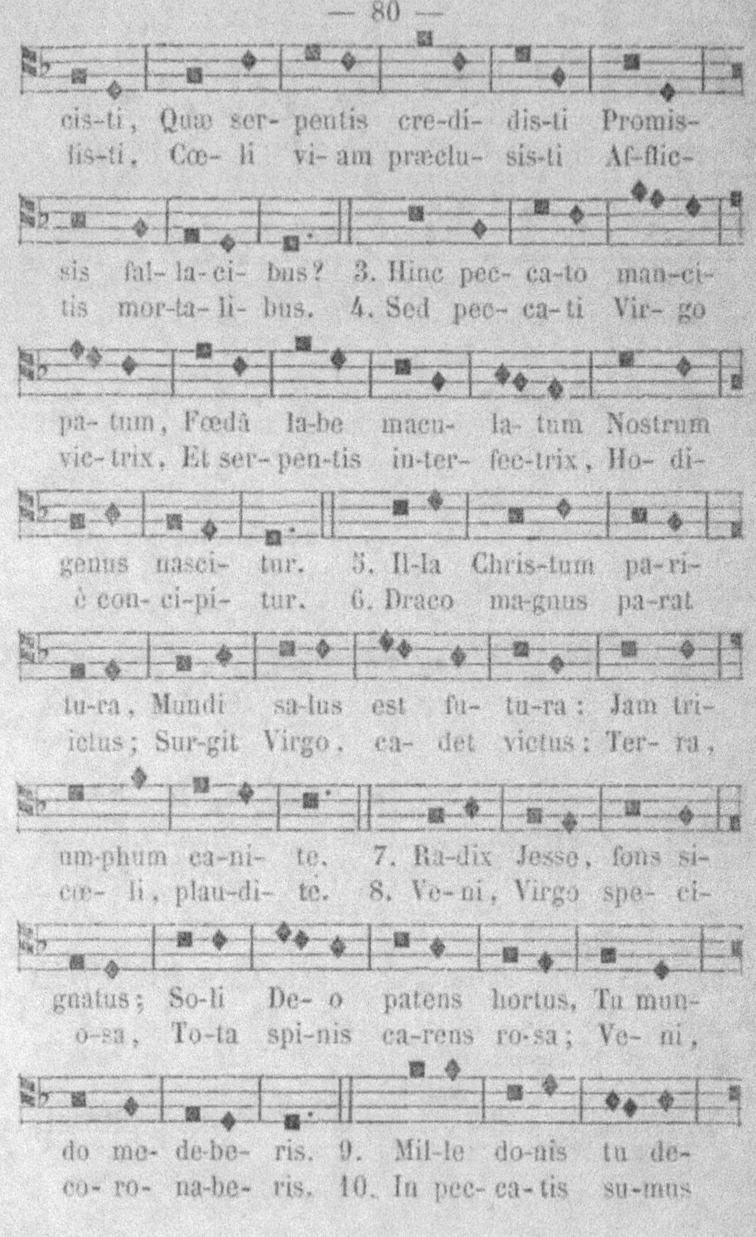

cis-ti, Quæ ser- pentis cre-di- dis-ti Promis-
tis-ti, Cœ- li vi- am præclu- sis-ti Af-flic-
sis fal- la- ci- bus? 3. Hinc pec- ca-to man-ci-
tis mor-ta- li- bus. 4. Sed pec- ca-ti Vir- go
pa- tum, Fœdâ la-be macu- la- tum Nostrum
vic-trix. Et ser-pen-tis in-ter- fec-trix, Ho- di-
genus nasci- tur. 5. Il-la Chris-tum pa-ri-
è con- ci-pi- tur. 6. Draco ma-gnus pa-rat
tu-ra, Mundi sa-lus est fu- tu-ra: Jam tri-
ictus; Sur-git Virgo. ca- det victus: Ter- ra,
um-phum ca-ni- te. 7. Ra-dix Jesse, fons si-
cœ- li, plau-di- te. 8. Ve-ni, Virgo spe- ci-
gnatus; So-li De- o patens hortus, Tu mun-
o-sa, To-ta spi-nis ca-rens ro-sa; Ve- ni,
do me- de-be- ris. 9. Mil-le do-nis tu de-
co- ro- na-be- ris. 10. In pec- ca-tis su-mus

Nᵒ 109.
Prose de la Pentecôte.
DU 1.

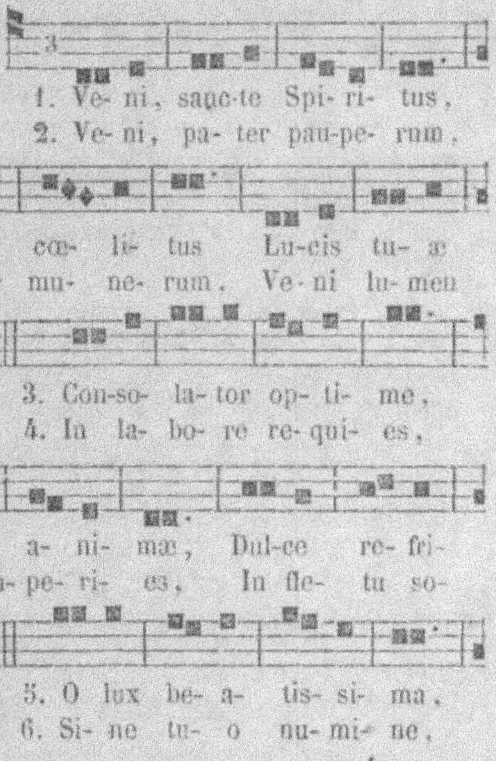

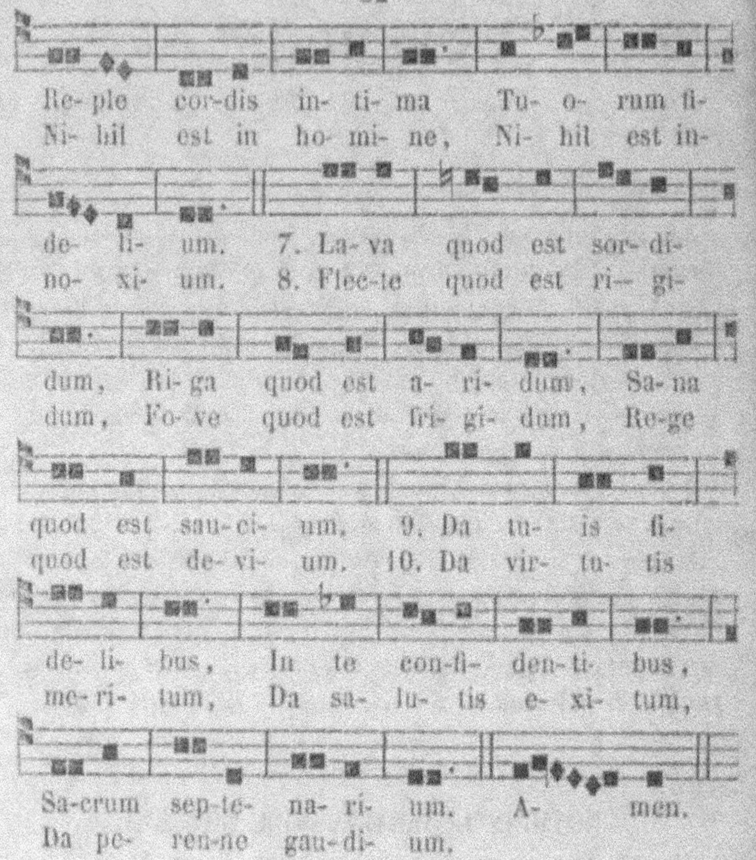

Re- ple cor-dis in- ti- ma Tu- o- rum fi-
Ni- hil est in ho- mi- ne, Ni- hil est in-
de- li- um. 7. La- va quod est sor- di-
no- xi- um. 8. Flec-te quod est ri- gi-
dum, Ri- ga quod est a- ri- dum, Sa- na
dum, Fo- ve quod est fri- gi- dum, Re-ge
quod est sau-ci- um. 9. Da tu- is fi-
quod est de- vi- um. 10. Da vir- tu- tis
de- li- bus, In te con-fi- den-ti- bus,
me- ri- tum, Da sa- lu- tis e- xi- tum,
Sa-crum sep-te- na- ri- um. A- men.
Da pe- ren-ne gau-di- um.

PSALMODIE.

La Psalmodie est le chant des psaumes selon certaines formules mélodiques, propres à chacun des modes du Plain-Chant. « Un son principal, appelé *Dominante* ou *Teneur*, « sur lequel s'établit la récitation du texte, suspendu dans « son prolongement, au milieu et à la fin du verset, par une « courte modulation, voilà, dit Stephen Morelot, les élé- « ments qui la composent (1). »

La psalmodie participe donc à la fois du chant et de la simple récitation. En conséquence, elle doit exiger pour l'*Accent*, « cette âme du discours », un respect bien plus grand que ne le réclament soit le chant métrique, soit le chant plane proprement dit. De là, pour la bonne exécution des psaumes, la nécessité de connaître les règles qui servent à le déterminer et à fixer le rôle qu'il doit remplir.

NOTIONS GÉNÉRALES SUR L'ACCENT.

RÈGLES DE L'ACCENT.

« L'*Accent* n'est autre chose que l'insistance de la voix sur certaines syllabes (2). »

Ces syllabes privilégiées sont :

Dans les mots de deux syllabes, la première ;

(1) *Dictionnaire de Plain-Chant*, édition Migne, col. 1276.
(2) *Ibid.*, col. 1277.

Dans les mots de plus de deux syllabes, la pénultième, ou, si celle-ci est prosodiquement brève, l'antépénultième ;

Dans les mots hébreux indéclinés, comme : *David*, *Sïon*. la dernière.

Quant aux monosyllabes, on les traite, hors de la *Teneur*, comme portant l'accent, toutes les fois que la mélodie l'exige (1).

Nota. *Pour faciliter le chant, la syllabe accentuée des mots de trois syllabes et au-dessus, est, dans les livres de chœur, surmontée d'un accent aigu.* Ex. : Dómine, misericórdia, beátus.

DISTINCTION DES SYLLABES.

L'insistance vocale que requiert l'*accent* sur les syllabes qu'il affecte, est moins un prolongement qu'une attaque un peu vigoureuse ; c'est, dit le P. J. Dufour, un *temps fort* dans la mélodie du langage (2). De là, le nom de syllabes *fortes* donné à celles qui portent l'accent, tandis qu'on a appelé *faibles*, les syllabes qui en sont privées.

Toutefois, comme parmi les syllabes réputées *faibles*, il en est qui certainement sont plus faibles que d'autres dans la prononciation, il a fallu établir une nouvelle distinction, et l'on a appelé *Brèves*, les syllabes que la voix ne fait, pour ainsi dire, qu'effleurer, et Brèves *communes* ou simplement *communes*, les syllabes qui, sans être fortes, ont cependant dans le langage plus de poids, plus de consistance que la brève.

Syllabes Brèves. — Les syllabes brèves sont :

1° La pénultième des mots de trois syllabes et au-dessus.

(1) Voir : *Dissertation sur la Psalmodie*, par M. l'abbé Petit, p. 59, 88, 174.

(2) *Pratique du Chant Grégorien*, p. 74.

qui ont l'accent sur l'antépénultième, comme : *Dóminus*, *splendóribus*, *ariètes*, etc.

2° En général (1), la dernière syllabe de tout mot suivi d'un monosyllable qui lui est lié par le sens, pourvu que la pénultième de ce mot soit accentuée, comme, par exemple : *mótǐ sunt*, *consérvǎ me*, *scríptum est*, *locútǔs sum*, etc.

Syllabes communes. — Il résulte des principes précédemment établis, que toute syllabe qui n'est ni brève ni accentuée, est nécessairement *commune*.

Donc, toutes les syllabes qui, dans un même mot, précèdent la syllabe forte, ainsi que la plupart des syllabes finales, sont *communes*.

Tels sont les principes que nous avons cru devoir mentionner avant de faire connaître le rôle que l'*accent* doit remplir dans le chant des psaumes.

RÈGLES DE LA PSALMODIE.

On distingue quatre parties dans le chant des psaumes : l'*Intonation*, la *Teneur*, la *Médiation*, et la *Terminaison*.

INTONATION.

L'*Intonation*, qu'on appelerait mieux *introduction*, est une petite formule mélodique qui commence le premier verset de chaque psaume.

L'intonation se fait de deux manières, ou bien en appliquant chaque syllabe à une note différente, et alors elle est

---

(1) *Nous disons* en général *, parce que dans la* Teneur *, cette syllabe n'est brève qu'autant qu'elle est terminée par m ou par une voyelle prosodiquement brève, et que le mot suivant commence par une voyelle, comme, par exemple :* Plenă est, bonum est, tua est *, etc.*

à notes détachées, ou bien en réunissant deux notes sur une seule syllabe, et alors elle est *à notes liées*. Exemples :

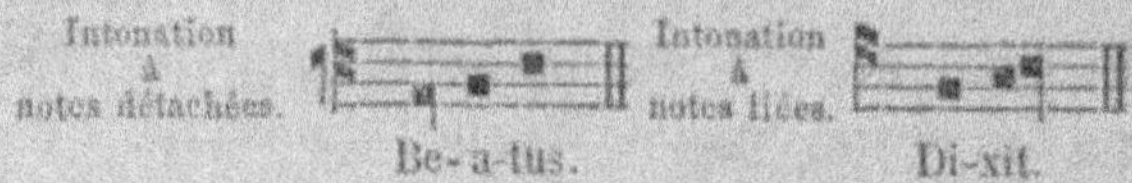

Dans les intonations à notes *détachées*, la seconde syllabe peut être indifféremment forte ou faible ; mais dans les intonations à notes *liées*, si cette syllabe (la seconde) est brève, elle ne compte pas parmi les syllabes nécessaires à l'intonation, et on l'exécute sur le degré de la syllabe suivante. Exemples :

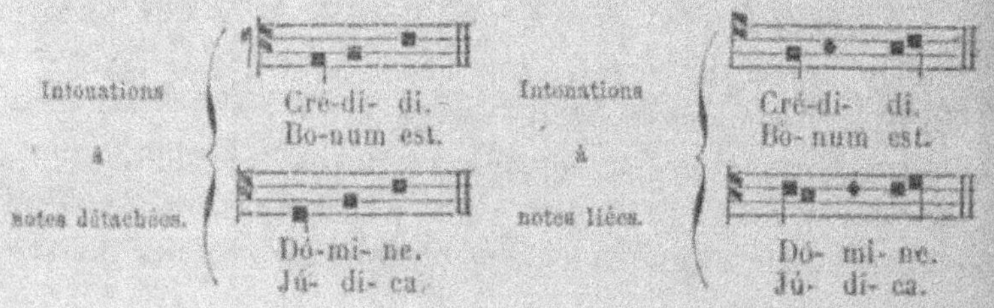

TENEUR.

La *Teneur* est la note sur laquelle on prononce toutes les syllabes du verset qui ne subissent aucune déviation mélodique. Cette note est ordinairement la *dominante* du mode (1). Voilà pourquoi quelques auteurs donnent à la *Teneur* le nom de *Dominante*.

La teneur n'a pas de règles autres que celles d'une lecture correcte. On doit appuyer notablement sur les syllabes accentuées, mais sans exagération, surtout dans les mots de deux syllabes.

(1) Voir le *Tableau synoptique*, p. 98.

Autant que possible, il ne faut reprendre haleine, dans le cours de la teneur, qu'aux repos autorisés par la ponctuation. Mais si la disposition du texte ne le permet pas, on veillera soigneusement alors à ne pas séparer, en respirant, les mots qui ont entre eux une liaison intime, ni, à plus forte raison, les syllabes d'un même mot. Quoi qu'il en soit, dans l'un et l'autre cas, ces sortes de repos devront être très-courts, sinon ils rompraient l'unité de la phrase psalmodique et annuleraient l'effet du repos principal, marqué par l'astérisque.

MÉDIATION.

La *Médiation* est un mouvement de la voix qui s'opère vers le milieu du verset, avant l'astérisque qui le divise en deux parties appelées *hémistiches*.

Ce mouvement n'est quelquefois qu'un léger prolongement, sans déviation de la teneur, sur la pénultième, ou, si celle-ci est brève, sur l'antépénultième syllabe du premier hémistiche. Exemples :

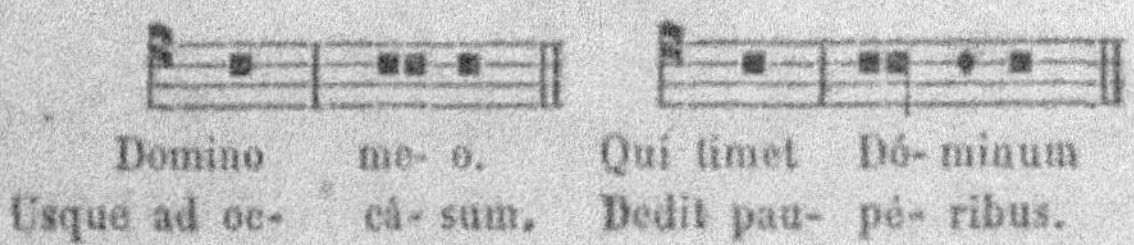

Mais le plus souvent la médiation s'opère, avec déviation de la teneur, par une suite de notes qui comprennent, selon le mode, deux ou quatre syllabes (1). De là des règles différentes, suivant que la médiation est dissyllabique ou quadrisyllabique.

(1) *Quelques diocèses ont la médiation trissyllabique : ses règles sont celles de la médiation quadrisyllabique.*

Médiations Dissyllabiques.

Règle générale. — Dans toute médiation dissyllabique, la note de déviation doit surmonter une syllabe accentuée.

Donc, lorsque cette note tombe sur la pénultième brève d'un mot, cette syllabe est dite *superflue* ou *survenante*, et ne compte pas dans la médiation. La déviation se fait alors sur l'antépénultième, et la syllabe brève s'exécute sur le degré de la syllabe finale. Exemples :

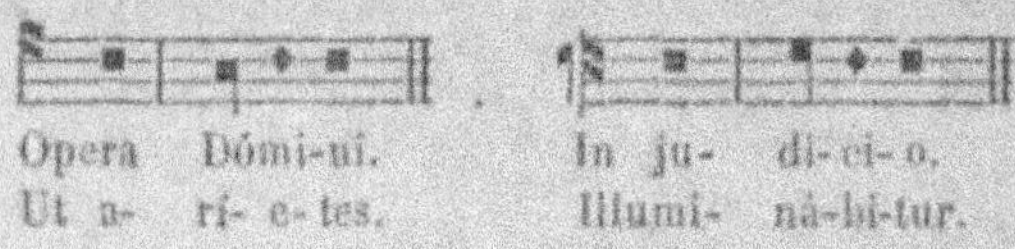

EXCEPTIONS. — Lorsque la médiation dissyllabique commençant *au-dessous* de la teneur est terminée par un monosyllabe, la déviation se fait sur la dernière syllabe du mot précédent, quoique commune, si la pénultième est brève. Exemples :

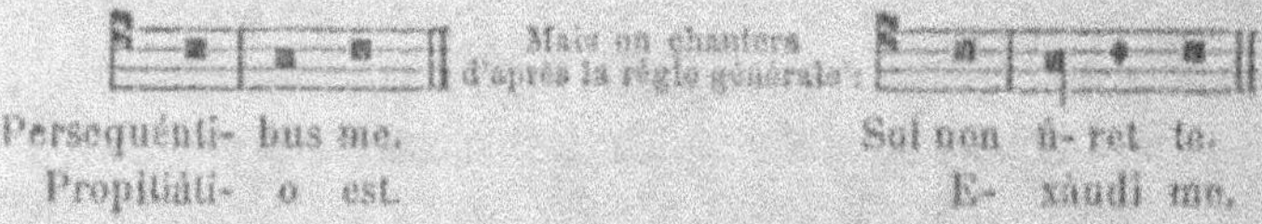

Même exception pour les mots hébreux indéclinés (1), où la déviation a lieu sur la pénultième ou sur l'antépénultième, si la pénultième est considérée comme brève. Exemples :

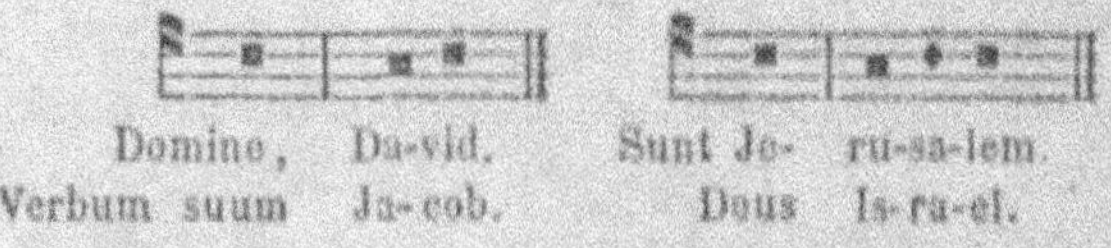

(1) *On sait que les mots hébreux indéclinés ont l'accent sur la dernière syllabe* (V. p. 84).

PARTICULARITÉ. — Lorsque la médiation dissyllabique commence *au-dessus* de la teneur, et qu'elle est terminée par un mot hébreu indécliné ou par un monosyllabe, on supprime la dernière note, et la déviation se fait sur la syllabe finale du mot hébreu ou sur le monosyllabe. C'est ce qu'on appelle une *médiation rompue* ou *tronquée* (1). Exemples :

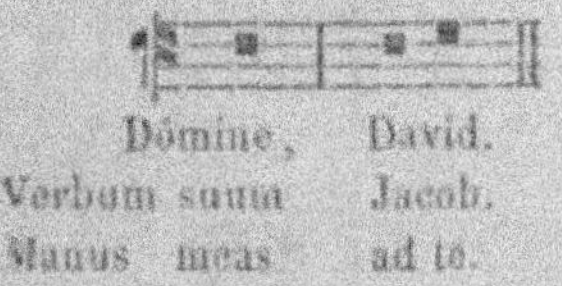

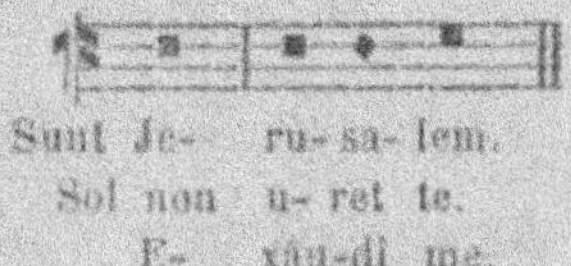

Médiations Quadrisyllabiques.

Parmi les quatre syllabes essentielles dont se composent ces sortes de médiations, deux seulement, la *première* et la *troisième*, réclament, par rapport à l'accent, une attention particulière. De là deux règles principales.

Notons, avant de les formuler, que dans toute médiation, chaque syllabe essentielle, après la première, peut être précédée d'une *survenante*, mais jamais de deux. Une médiation quadrisyllabique peut donc renfermer régulièrement jusqu'à sept syllabes : quatre essentielles et trois survenantes.

Notons encore que les syllabes qui figureront dans nos exemples en qualité de survenantes, seront toujours, pour plus de clarté, surmontées d'une losange, quelle que soit d'ailleurs leur nature.

(1) Ce genre de médiation ne se pratique, à Lyon, qu'aux 2e, 5e et 8e modes. Au Romain, la médiation rompue se fait encore au 4e mode, bien que la médiation soit quadrisyllabique : les règles sont les mêmes.

Règle concernant la première Syllabe.

Quand la médiation quadrisyllabique commence au-dessous de la teneur, la première note peut recevoir une syllabe quelconque (1); mais cette note n'admet ni une syllabe brève, ni la dernière d'un mot, si la médiation commence au-dessus de la teneur (2). Donc, dans ce dernier cas, lorsque la disposition du texte amène sous cette note une de ces syllabes, il faut les considérer comme survenantes et anticiper jusqu'à ce qu'on trouve une syllabe convenable. Exemples :

MÉDIATION COMMENÇANT AU-DESSOUS DE LA TENEUR.

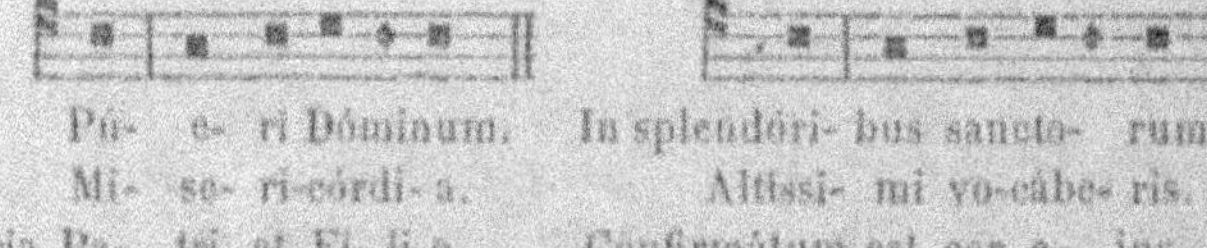

(1) Il convient, dans ce cas, d'insister un peu plus que de coutume sur la syllabe brève qui, figurant ici en qualité de syllabe essentielle, doit être, comme telle, clairement entendue. Cette observation est d'ailleurs conforme aux principes de la Psalmodie qui veulent que les notes des médiations et des terminaisons soient prononcées plus posément que celles de la teneur.

(2) On lit dans le *Paroissien Romano-Lyonnais* (édition Pélagaud, p. 926, édit. Le Clerc, p. 35) : « Si, » dans les médiations de quatre syllabes, la première note « est la plus élevée « au-dessus de la dominante du ton ...... Il faut (et il suffit d'après l'ancien usage de Lyon) « que cette note corresponde à une syllabe commune. » Faut-il conclure de là, comme semblerait l'indiquer la parenthèse, que l'usage de Lyon permet de commencer une médiation quadrisyllabique sur la dernière syllabe d'un mot ? L'usage serait alors opposé à l'enseignement de la généralité des auteurs.

(3) Le Chant Romain admet au 4e mode la médiation rompue. Ces derniers exemples devraient donc s'exécuter comme il suit : . . .

MÉDIATION COMMENÇANT AU-DESSUS DE LA TENEUR.

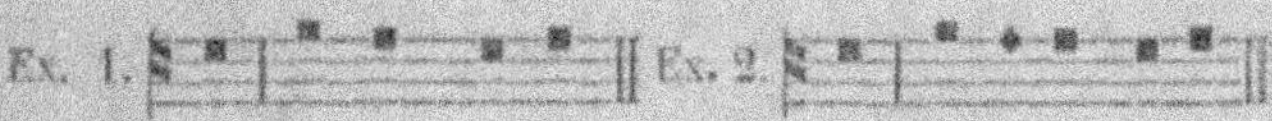

Ex. 1.
Dóminum omnes gen-tes.
Con- fu-si- ó- ne.
Fremet et ta- bés-cet.
Cla- má-vi ad te.
Cum exul- ta- ti- ó- ne.
Os habent et non lo- quéntur.

Ex. 2.
Dóminus Dó-ni-no me-o.
Faci- én-ti-bus e-um.
In bráchi-o su-o.
Quæ dicta sunt mihi.
Misit pó-pu-lo su-o.
Sanctifi- cá- ti- o e-jus.

Ex. 3.
Magna ó- pe-ra Dómi-ni.
Vir qui ti- met Dóminum.
Quoniam e- xáu-di-et Dóminus.
A progenie in pro-gé-ni- es.
Dóminus super vos.
Per diem sol non u-ret te.
Propter quod lo-cútus sum.

Ex. 4.
Gloria Patri et Fi-li-o.
Im-plébit ru- i- nas.
Quæ ædifi- cátur ut ci-vi-tas.
Ar-géntum et au- rum.
Exultastis sicut a- ri-e- tes.
Po- téntis a- cú- tæ.
Eram pa-ci-ficus.

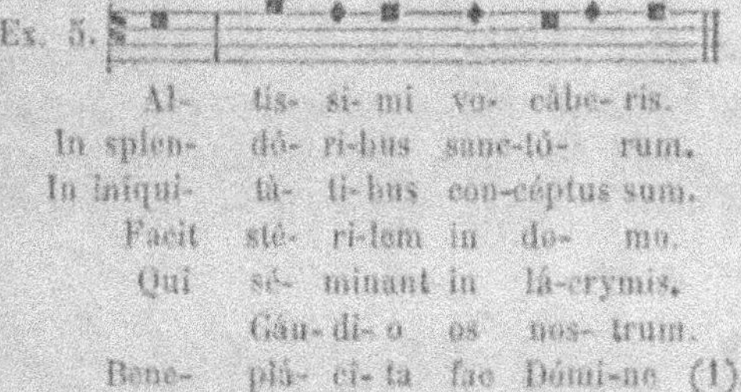

Ex. 5.
Al- tis- si- mi vo- cábe- ris.
In splen- dó- ri-bus sanc-tó- rum.
In iniqui- tá- ti-bus con-céptus sum.
Facit sté- ri-lem in do- mo.
Qui sé- minant in lá-crymis.
Gáu-di- o os nos- trum.
Bene- plá- ci- ta fac Dómi-ne (1).

EXCEPTION. — La médiation du 2⁵ en A, bien que commençant au-dessus de la teneur, est néanmoins assimilée

(1) Il serait bon, comme exercices, de faire chanter les exemples ci-dessus donnés sur les médiations du 1ᵉʳ en A, du 3ᵉ, du 6ᵉ en c et en C. (Voir au *Tableau Synoptique*, p. 98). Exemples :

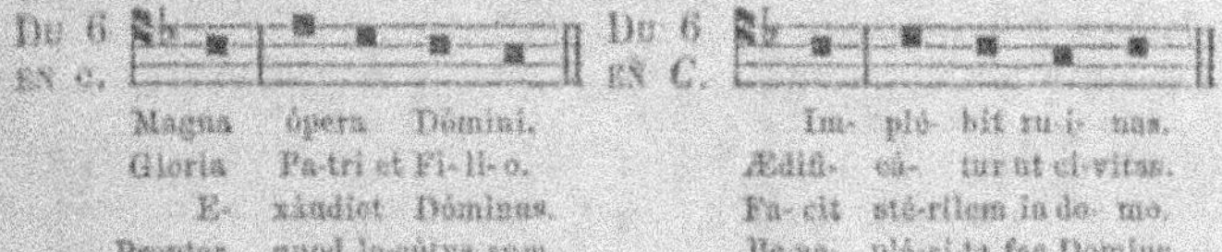

Du 6 en C.
Magna ópera Dómini.
Gloria Pa-tri et Fi-li-o.
E- xáudiet Dóminus.
Propter quod lo-cútus sum.

Du 6 en C.
Im- plé-bit ru-i- nas.
Ædifi- cá- tur ut ci-vitas.
Fa- cit sté-rilem in do- mo.
Bene- plá-ci-ta fac Domine.

aux médiations qui commencent au-dessous, parce qu'elle n'atteint pas de suite sa note la plus élevée, devant laquelle la première s'efface en quelque sorte. Aussi la note supérieure n'admet-elle qu'une syllabe forte ou commune, mais jamais une syllabe brève. On chantera donc :

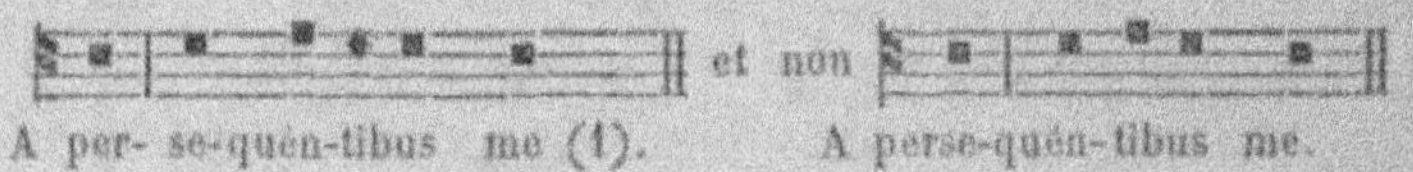

Règle concernant la troisième Syllabe.

Dans toute médiation quadrisyllabique, la troisième syllabe *essentielle* doit être généralement une syllabe accentuée afin de préparer la voix au repos. (*Voir aux exemples ci-dessus donnés.*)

EXCEPTION. — Cependant, lorsque le premier hémistiche du verset est terminé par un mot hébreu indécliné (2), ou par un monosyllable précédé d'un mot qui a la pénultième brève, la préparation du repos peut se faire sur une syllabe commune. La raison de cette exception est que toute anticipation amènerait nécessairement ici plusieurs survenantes de suite. Exemples :

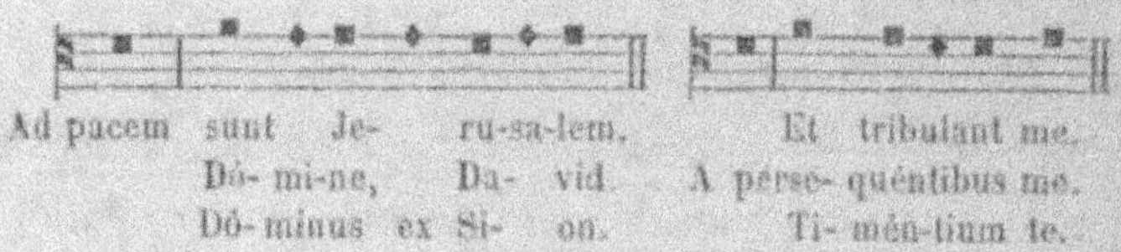

TERMINAISONS.

La *Terminaison* est une suite de notes que l'on chante

(1) Voir, ci-après, l'Exception à la règle concernant la troisième syllabe.

(2) On doit se rappeler que, dans les mots hébreux, l'accent est sur la dernière syllabe.

sur les dernières syllabes du second hémistiche du verset, avant d'arriver au repos final.

Chaque formule psalmodique possède ordinairement plusieurs terminaisons qui toutes, excepté celle du 4e en g, se composent de trois, de quatre ou de cinq syllabes. « Mais, dit « M. l'abbé Petit (1), quelle que soit leur composition, elles « sont soumises aux mêmes règles que les médiations qua- « drisyllabiques, si ce n'est qu'elles ne subissent jamais au- « cune modification *mélodique* sous l'influence de l'accent « final, » c'est-à-dire, qu'il n'existe pas de terminaison *rompue*. Donc :

1° Dans toute terminaison qui commence au-dessus de la teneur, la première syllabe doit être généralement une syllabe accentuée; mais elle peut être une syllabe faible, même une brève ou la dernière d'un mot, si la terminaison commence au-dessous de la teneur.

2° Dans toute terminaison, l'avant-dernière syllabe essentielle doit être une syllabe forte, à moins que le verset ne finisse par un mot hébreu indécliné, ou par un monosyllabe précédé d'un mot qui a la pénultième brève. Exemples relatifs aux deux règles :

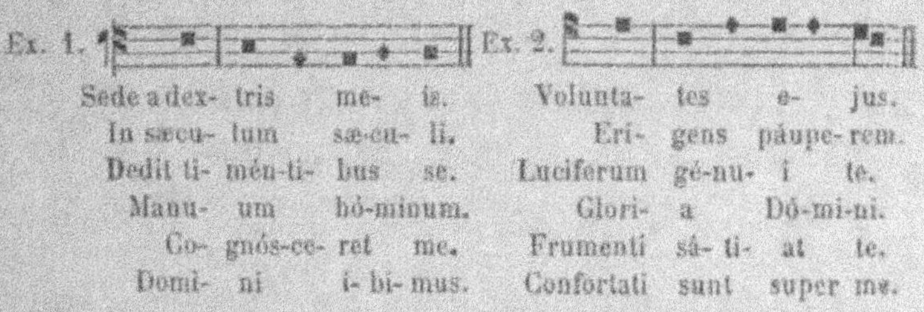

(1) *Dissertation sur la Psalmodie*, p. 190.

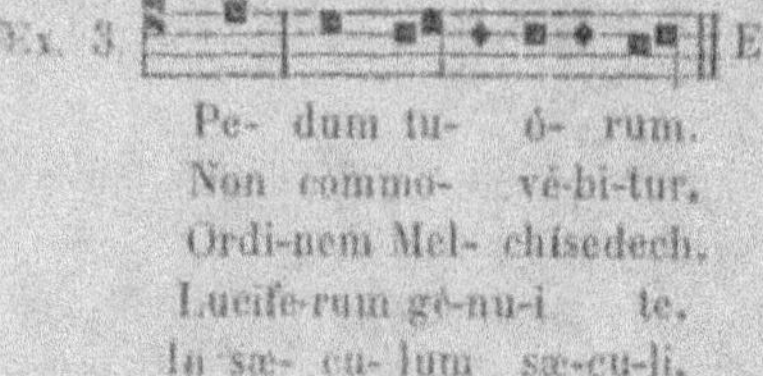

Ex. 3.

Pe- dum tu- ó- rum.
Non commo- vé-bi-tur,
Ordi-nem Mel- chísedech.
Lucífe-rum gé-nu-i te.
In sæ- cu-lum sæ-cu-li,

Ex. 4.

Iræ su- æ re- ges.
De- so-la- tó-ri-is.
Qui judí-cas jus- ti-ti-am.
Frumen-ti sá-ti-at te.
Gló- ri- a Dómi-ni.

Ex. 5.

Pecca- torum pe- ri- bit.
Judíci- a su- a Is-ra- el.
Luci- ferum gé-nu- i te.
Medi- tá- ti- o me-a est.
Abundantia di- li- gén-ti-bus te (1).

TERMINAISONS COMMENÇANT AU-DESSUS DE LA TENEUR.

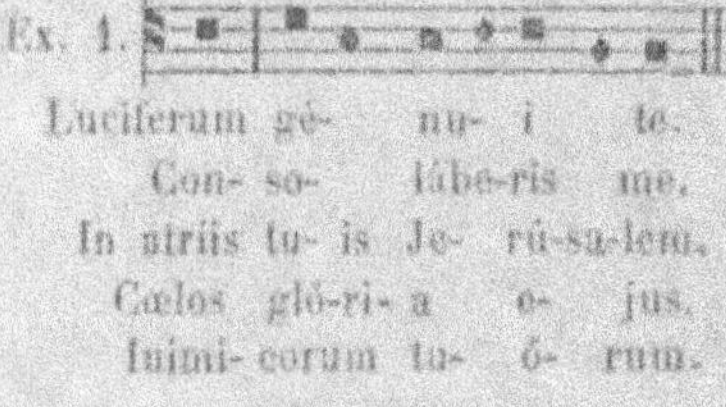

Ex. 1.

Lucíferum gé- nu- i te.
Con- so- lábe-ris me.
In atriis tu- is Je- rú-sa-lem.
Cælos gló-ri- a e- jus.
Inimi- córum tu- ó- rum.

Ex. 2.

Pérmanet in cæ- lo.
In lu- mi-ne vivénti- um.
Quó- niam tu mecum es.
Mise- rá- tor et jus- tus.
Véritas et ju- di-ci- um.

Ex. 3.

Sede a dex- tris me- is,
Vi- vi-fi- ca me.
Fili- órum læ- tan- tem,
Dedit ti- mén-ti- bus se,
De cán-ti-cis Si- on.

Ex. 4.

Om- nes po-pu-li.
Secundum órdinem Melchísedech.
Dómine spes ejus est.
In sæcu-lum sæcu-li.
Pro- téctor e- órum est.

DES CANTIQUES ÉVANGÉLIQUES.

Les Cantiques Évangéliques — *Magnificat*, — *Benedictus*, — *Nunc dimittis*, — ont, dans quelques modes (2),

(1) On voit par ces exemples que la note la plus élevée (*si*) de cette terminaison n'admet pas une syllabe *brève*.

(2) Dans le diocèse de Lyon, ces modes sont le 2e, 4e, 6e et 8e, c'est-à-dire, tous les modes plagaux ou pairs.

une intonation et une médiation différentes de celles des psaumes.

L'intonation étant notée dans les livres de chœur, nous n'avons pas à nous en occuper.

Quant aux médiations, elles sont soumises, par rapport à l'accent, aux règles données pour les psaumes, sauf les deux observations suivantes :

1° Il faut regarder comme faisant partie de la teneur la note d'agrément dont la première syllabe de la médiation est ordinairement précédée ;

2° La médiation est censée dévier en montant, pourvu qu'une des notes de la première syllabe s'élève au-dessus de la teneur. Exemples :

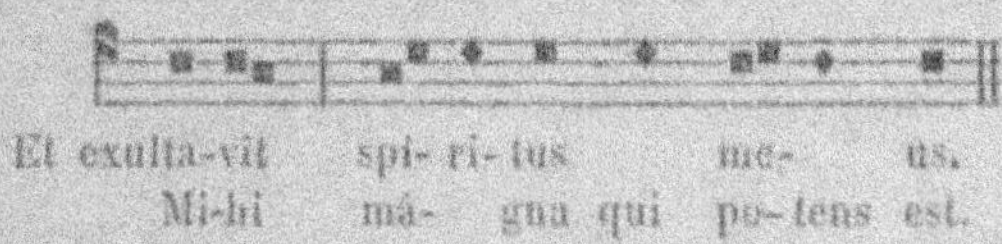

PLACE DES SURVENANTES

Dans les Médiations et les Terminaisons.

Les syllabes superflues ou survenantes s'exécutent ordinairement sur le degré de la syllabe suivante.

Cependant il est admis par la généralité des auteurs qu'une survenante reste sur le degré de la syllabe qui la précède, dans les cas suivants :

1° Lorsqu'elle suit une pénultième qui n'a qu'une note, et que la dernière syllabe en a deux. Exemples :

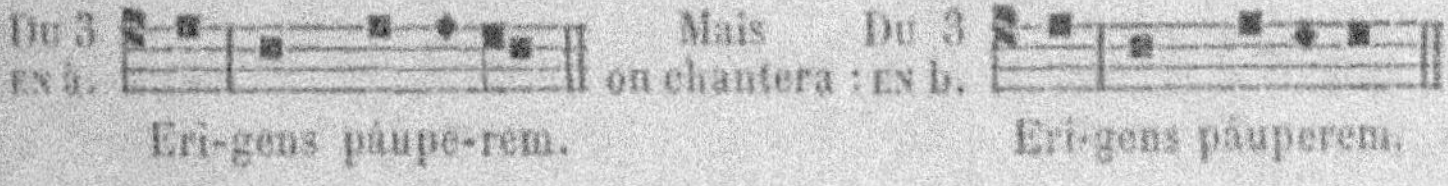

2° Lorsque, placée avant la pénultième, elle suit une syllabe essentielle déjà précédée d'une survenante. Exemples :

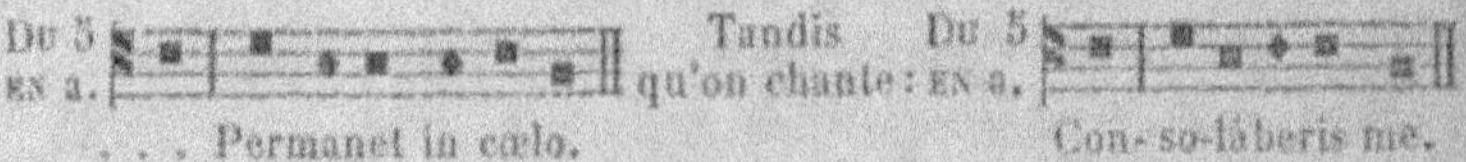

3° Lorsqu'elle descend sur la pénultième par degrés conjoints (Ex. 1), à moins qu'elle ne soit brève (Ex. 2).

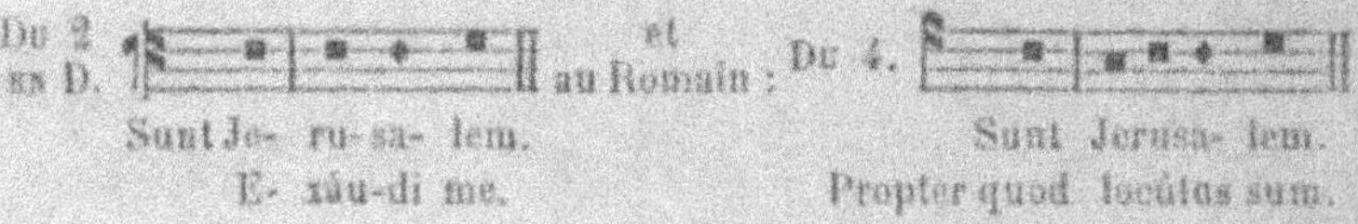

4° Dans les médiations rompues, lorsqu'elle précède la syllabe sur laquelle se fait l'élévation. Exemples :

———————

Complétons ces règles en reproduisant ici un ancien statut de Cîteaux rapporté par saint Bernard. Les sages avis qu'il renferme, termineront d'une manière utile notre travail.

« Ne traînons pas trop la psalmodie, mais chantons rondement et d'une voix animée. Commençons ensemble et finissons de même chaque verset. Qu'aucun ne prolonge le point d'arrêt, mais qu'il abandonne aussitôt la syllabe sur laquelle il repose. Après chaque partie du verset, qu'il y ait une pause sensible. Que personne ne commence

« avant les autres, ou n'aille plus vite ; que personne non
« plus ne traîne après les autres en insistant sur la finale.
« Chantons ensemble, faisons les pauses ensemble, en
« nous prêtant l'oreille les uns aux autres. Nous vous
« avertissons, nos très-chers frères, de vous présenter de-
« vant le Seigneur pour chanter ses louanges avec autant
« de joie que de respect ; n'y soyez point avec un air pares-
« seux, ou endormi, ou nonchalant, ne chantant qu'à demi-
« voix ; prenez garde de couper les mots ou de n'en pro-
« noncer que la moitié, ou d'en passer d'entiers ; évitez de
« chanter d'une manière molle et négligée ; mais pronon-
« cez d'un ton mâle et avec affection les paroles du Saint-
« Esprit. »

TABLEAU SYNOPTIQUE DES

Avec la terminaison la plus usitée

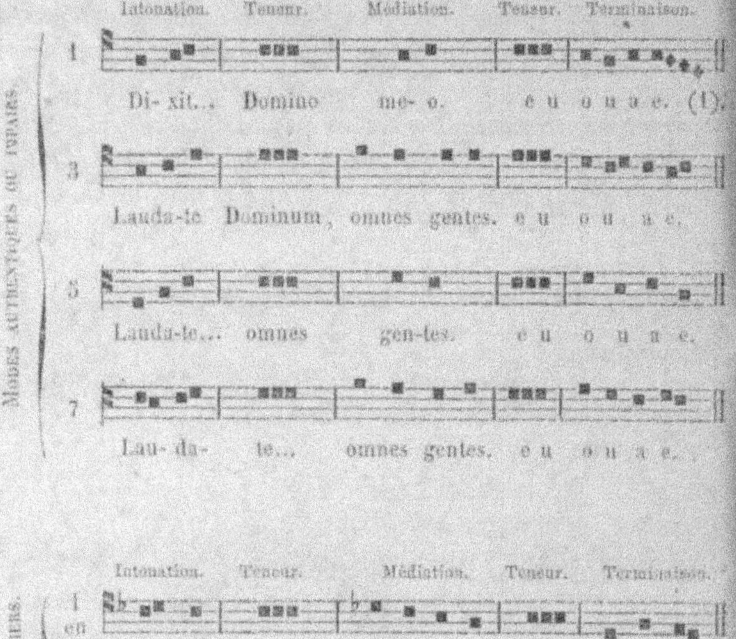

(1) Ces voyelles, par lesquelles on indique les terminaisons dans les livres de Chœur, sont celles qui rentrent dans la composition des mots : *Sæculorum. Amen.*

(2) La teneur de ce psaume est irrégulière au 1er verset (Voir dans les livres de Chœur

FORMULES PSALMODIQUES.

de chaque Mode ou Ton.

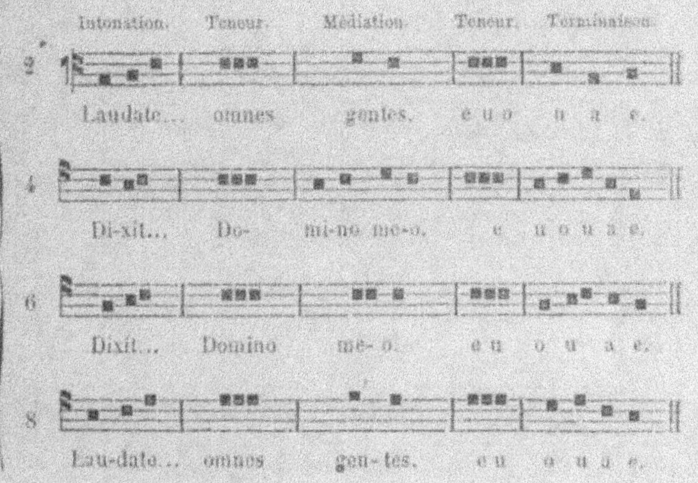

TABLE.

—